ARQUEOMARXISMO

Comentários sobre o pensamento socialista

ARQUEOMARXISMO

Comentários sobre o pensamento socialista

Alvaro Bianchi

Copyright © 2013 Alvaro Bianchi

Grafia atualizada segundo o Acordo Ortográfico da Língua Portuguesa de 1990, que entrou em vigor no Brasil em 2009.

Publishers: Joana Monteleone/Haroldo Ceravolo Sereza/Roberto Cosso
Edição: Joana Monteleone
Editor assistente: Vitor Rodrigo Donofrio Arruda
Projeto gráfico, capa e diagramação: Rogério Cantelli
Revisão: João Paulo Putini

Imagens da capa:
Abaixo à direita – Walter Benjamin, foto de Suhrkamp Verlag;
Abaixo à esquerda – Antonio Gramsci, em wikimedia commons;
Acima à esquerda – Vladimir Ilyich Ulyanov (Lenin), em wikimedia commons;
Acima à direita – Leon Trotksy, foto de capa do livro *Trotsky: A Biography*, de Robert Service (Reino Unido: Macmillan, 2009).

Este livro foi publicado com o apoio do Programa de Pós-Graduação em Ciência Política da Universidade Estadual de Campinas (Unicamp)

CIP-BRASIL. CATALOGAÇÃO-NA-FONTE
SINDICATO NACIONAL DOS EDITORES DE LIVROS, RJ

B472a

Bianchi, Alvaro
ARQUEOMARXISMO: COMENTÁRIOS SOBRE O PENSAMENTO SOCIALISTA
Alvaro Bianchi
São Paulo: Alameda, 2013
228p.

Inclui bibliografia
ISBN 978-85-7939-172-9

1. Marx, Karl, 1818-1883. 2. Socialismo. 3. Filosofia Marxista. I. Título.

12-5465. CDD: 335.4
CDU: 330.85

040039

ALAMEDA CASA EDITORIAL
Rua Conselheiro Ramalho, 694 – Bela Vista
CEP 01325-000 – São Paulo, SP
Tel. (11) 3012-2400
www.alamedaeditorial.com.br

SUMÁRIO

APRESENTAÇÃO	7
1. LENIN COMO FILÓSOFO	19
Análise concreta da situação concreta	31
2. TROTSKY COMO HISTORIADOR	43
Marxismo e sociologismo	50
Rozhkov, Pokrovsky e a historiografia soviética	54
Conclusão	58
3. REVOLUÇÃO PERMANENTE E TRANSIÇÃO	59
Teoria da revolução e transição ao socialismo	64
Sobre a natureza social da União Soviética	74
4. O RETORNO DO ANTITROTSKISMO	81
Velhos e velhíssimos argumentos	86
De volta a Brest-Litovsk	91
"As cabeças pensantes da revolução"	104
5. PARA QUE SERVE A ORTODOXIA?	109
Lukács: crítica à falsa objetividade	113
Gramsci: filosofia como política	117

6. GRAMSCI NO VÉRTICE DOS TEMPOS | 125

Crise da economia: a queda tendencial da taxa de lucro | 129

Crise do Estado: hegemonia em crise | 140

7. REVOLUÇÃO PASSIVA: O PRETÉRITO DO FUTURO | 151

A história como política: de Marx a Gramsci | 155

A revolução passiva como passado | 164

A revolução passiva como presente | 173

Conclusão: a antirrevolução passiva como futuro | 181

8. EXPERIÊNCIA E HISTÓRIA EM WALTER BENJAMIN | 187

Memória e História | 200

Resgatando o futuro | 204

BIBLIOGRAFIA | 215

APRESENTAÇÃO

A DISSERTATION

Não quero deixar lugar a dúvidas: este livro, reunindo *comentários* a respeito do *arqueomarxismo*, é, de ponta a ponta, uma provocação. Os textos que têm nele lugar foram escritos algumas vezes com objetivos polêmicos explícitos e outras com a intenção de tornar públicas algumas ideias longamente elaboradas. Mas foram sempre provocações, procuravam mais ofender do que defender.

Ofender a quem? Certamente a um pensamento conservador falsamente ilustrado, que teima em desembainhar sua torta espada para atacar o espectro que o assombra. (Como se espadas pudessem enfrentar espectros!) Pois não é paradoxal que esse pensamento conservador o qual afirma que o marxismo é uma forma de arcaísmo e ainda mais uma forma derrotada pela história, viva organizando suas cruzadas na tentativa de vencê-lo mais uma vez? Mas também ofender certo marxismo que se converteu em ideologia de Estado ou que pretende sê-lo e para tal está sempre em busca de um novo guia genial, de um grande timoneiro, de um farol do socialismo.

Para que fique ainda mais claro esse caráter provocativo iniciarei definindo os termos que organizam este livro. Primeiro a noção de *comentário*. Seguindo livremente algumas ideias de Walter Benjamin, quero distinguir um comentário de uma enquete.[1] Uma enquete tem

---

1   Ver as rápidas notas de Walter Benjamin (2005, v. 4, p. 215-216) a respeito.

por objetivo escrutinar um objeto e emitir a respeito dele um juízo de fato ou mesmo de valor. Quando assume como objeto um pensamento político-social, o escrutinador ideal comporta-se como o físico ideal diante de uma teoria: analisa sua consistência lógica, submete-a a testes, procura validá-la ou invalidá-la. Obviamente as técnicas de ambos são muito diferentes, assim como os resultados que podem almejar. Mas é uma atitude típica que quero aqui destacar. O que caracteriza o comportamento do escrutinador é uma atitude ao mesmo tempo distante e desconfiada perante seu objeto.

Essa atitude na qual se sustenta a crítica já produziu grandes obras. Karl Marx fez um profundo exercício de enquete em *Die heilige Familie oder Kritik der kritischen Kritik* (*A sagrada família, ou crítica da crítica crítica*), esquadrinhando criticamente a filosofia alemã de sua época e principalmente a obra de Bruno Bauer. E retornou a esse gênero em *Misère de la philosophie* (*Miséria da filosofia*), uma avaliação implacável da obra de Joseph Proudhon *Système des contradictions économiques ou Philosophie de la misere* (*Sistema de contradições econômicas ou Filosofia da miséria*). Tais obras caracterizavam-se por um propósito negativo previamente anunciado. Foi contra Bauer e Proudhon que Marx escreveu. Seu distanciamento era o resultado de seu antagonismo.

Essa atitude crítica-negativa nem sempre foi assumida pelos escrutinadores. Sabe-se que muitas vezes o distanciamento e a desconfiança não passam de um programa, uma meta, um desejo. Mas frequentemente não são, senão, uma farsa. Um fingido distanciamento e uma simulada desconfiança são as máscaras às quais o avaliador recorre para ocultar seus desejos, suas preferências, seus preconceitos, seu partido. O fato da enquete do pensamento político-social assumir uma forma similar àquela das ciências naturais torna a farsa mais fácil de ser executada e seu resultado mais plausível. O distanciamento transfigura-se, assim, em exterioridade, e a desconfiança em repulsa; uma exterioridade e uma repulsa que se apresentam como o resultado de um empenho autodefinido como científico e não como algo que sempre esteve pressuposto.

A atitude assumida no conjunto de textos que compõem este livro não é a do escrutinador e sim a do comentador. Um comentário não tem as mesmas preocupações da avaliação. Não está interessado em analisar a consistência lógica de uma obra ou submetê-la a testes. Nem gasta seu tempo em validá-la ou invalidá-la. E sequer tem a obrigação de emitir juízos de fato ou de valor. O comentário parte do pressuposto de que a obra em questão já passou por tudo isso e sobreviveu às provas às quais foi submetida. O que se encontra diante dos olhos de um comentador é uma obra que resistiu ao tempo e que, por isso, não precisa mais ser avaliada ou submetida a um escrutínio crítico-negativo. O comentário, diz Benjamin, "difere da avaliação na medida em que se preocupa apenas com a beleza e o conteúdo positivo do texto" (2005, v. 4, p. 215).

A atenção à "beleza e ao conteúdo positivo do texto" não extingue o caráter crítico do comentário. Comentar um texto não implica em uma atitude condescendente com ele ou com seu autor. Também não elimina as exigências de rigor e sobriedade próprias de uma atitude crítica. O comentário distingue-se fundamentalmente da avaliação na medida em que parte de um pré-julgamento a respeito da relevância da obra e do autor em questão. Que horror! Uma pré-noção! Pior ainda, um preconceito! Não é justamente disso o que um cientista, nos ensinou Durkheim, deveria se afastar? Mas quantas vezes o próprio Durkheim não expressou seus preconceitos para com o marxismo e o socialismo?

É esta a diferença: o comentador não necessita tomar partido e sim reconhecer previamente o valor daquilo que assume como objeto, mas ele pode tomar partido. O comentador é um crítico sem culpas.

O próprio Benjamin nos deu um exemplo de comentário: aquele no qual tratando da obra poética de Bertold Brecht apresenta o conceito – *Kommentare zu Gedichten von Brecht*. Seu ponto de partida foi o reconhecimento do caráter clássico dos poemas de Brecht. A situação desse comentário era para Benjamin altamente "dialética", uma vez que se tratava de tomar nas mãos uma coleção atual de poemas (há pouco publicados) e dar-lhe o tratamento de um texto clássico. Quem lê com desconfiança as críticas dos suplementos culturais da imprensa quotidiana que repetidamente anunciam um "novo clássico" para esquecê-lo na semana seguinte sabe quão arriscada foi a aposta de Benjamin. Mas sua aposta se confirmou: Brecht ainda hoje é lido e não deixará de sê-lo.

O fato de considerar os poemas de Brecht clássicos e de empenhar-se em mostrar sua "beleza e o conteúdo positivo do texto" não impediram Benjamin de criticar asperamente o poeta. A lírica de Brecht era contemporânea e desafiava as autoridades existentes e era isso que atraía o crítico. Ela também tinha um conteúdo político que se expressava poeticamente e era isso o que fazia o crítico tomar seu partido. Isso não impedia Benjamin de perceber os limites dessa poesia e, particularmente, que condenasse a atitude do poeta perante o stalinismo e sua polícia política, a GPU (cf. p. ex. Benjamin, 2005, v. 4, p. 159). É essa modalidade de crítica anunciada por Benjamin que se quer aqui seguir.

Agora a noção de *arqueomarxismo*. Para alguns a palavra deve imediatamente trazer à mente algo muito antigo ou há muito deixado para trás. Para outros a lembrança dos exercícios de arqueologia dos saberes de Michel Foucault podem vir à memória. O que pretendo destacar com esse conceito não é nem uma nem outra coisa. O prefixo *arqueo-* deriva da palavra grega *arkhé* (ἀρχή), que quer dizer o princípio, o início do mundo, aquilo que começa e o que constantemente determina a marcha. O princípio, o início do marxismo deve ser evidentemente a obra de Karl Marx, mas não pode ser ele próprio, o qual, segundo narrou seu amigo Friedrich Engels, teria dito a Paul Lafargue que não era marxista: *"Ce qu'il y a de certain c'est que moi, je ne suis pas Marxiste"* (MECW, v. 46, p. 356).

Os marxistas vieram depois de Marx. Trabalharam a partir das pistas deixadas por suas obras, consolidaram ideias nelas presentes, abriram novos continentes para a pesquisa e a prática política. O marxismo, como movimento teórico e político necessitou, em seu próprio princípio, da intervenção de intelectuais e militantes socialistas que lhe deram forma e o converteram em uma força material, determinando desse modo sua própria evolução. As ideias desses homens e mulheres é o que se denomina de *arqueomarxismo*.

Vê-se como é insuficiente a recorrente exigência do retorno a Marx. Pois não há sentido em voltar a ele mais uma vez sem levar em conta as conquistas intelectuais e políticas que tiveram lugar após sua morte. A roda não precisa ser reinventada. Grandes inovações teóricas foram aí promovidas sobre um número variado de objetos. Particularmente no âmbito da crítica da política e da economia política o arqueomarxismo fez contribuições decisivas. Vladimir Lenin, Leon Trotsky, Rosa Luxemburg, Nicolai Bukharin e Antonio Gramsci formularam ideias importantes nessas áreas do conhecimento. Mas também foram relevantes as inovações registradas no âmbito da filosofia, particularmente por Karl Korsh e György Lukács, e da estética e da historiografia, pela obra de Walter Benjamin. Essas inovações permanecem até agora um marco. Hoje se pode afirmar um conhecimento mais aprofundado da obra de Marx. Alguns contemporâneos contribuíram até mesmo de modo decisivo para o desenvolvimento de pontos importantes da teoria econômica, social e política do marxismo. Mas quantos continuarão a ser lidos dentro de cinquenta anos ou mais, como os arqueomarxistas têm sido?

Os autores que são comentados neste livro foram muitas vezes identificados com um "marxismo clássico". Com a noção de arqueomarxismo pretendo também afastar-me de um conceito de "clássico" que não consegue se livrar de uma carga fortemente conservadora, nem do compromisso com a ordem e a tradição.[2] O compromisso dos autores comentados neste livro é, entretanto, outro: é um compromisso com a revolução social. Quando Lenin, em *Que fazer?*, afirmou que sem teoria revolucionária não existiria movimento revolucionário, não estava se referindo exclusivamente a uma teoria para a revolução. Era suficientemente cônscio do caráter inovador de seu empreendimento para não reconhecer o conteúdo transgressor de sua teoria.

A força do pensamento arqueomarxista está justamente em seu caráter transgressor. Lenin desafiou os pais do marxismo russo com sua teoria do partido; Trotsky estarreceu seus contemporâneos quando afirmou que era possível dar saltos no tempo histórico; Gramsci horrorizou a todos com sua batalha contra o economicismo; Benjamin espantou seus amigos quando decidiu explodir o *continuum* do tempo.

---

2 Benjamin parece estar consciente desse caráter quando afirma que Brecht é um "clássico" e por essa razão considera o empreendimento do comentador altamente dialético. As reservas com as quais Benjamin avaliava a relação de Brecht com o stalinismo podem justificar a atribuição desse adjetivo a sua obra. Consciente ou inconscientemente, Brecht inclinava-se na década de 1930 em direção à ordem e à tradição, tornava-se desse modo um "clássico".

O compromisso com a revolução implicava que suas próprias ideias eram revolucionárias e subversoras de uma ordem teórica. Elas eram anticlássicas. Toda tentativa de elevar esse pensamento à condição de clássico correspondeu a uma operação com vistas de retirar-lhes todo o caráter de transgressão.

Quantas vezes sisudos e bem comportados acadêmicos não anunciaram que Marx era um clássico, assim como Hegel e Nietzsche, Weber e Durkheim, Adam Smith e David Ricardo? Ao lado de tal ilustre companhia o barbudo de Trier poderia frequentar as aulas de filosofia, sociologia e economia das universidades como uma relíquia do passado, um exemplo de como se pensava antigamente. De fato, nas histórias canônicas dessas disciplinas lá está um bem comportado Marx, imobilizado ao lado de outros tantos, sem poder agitar os braços ao falar como soía fazer, sem poder pensar como de seu feitio, sem provocar como costumava. E quantas vezes o pensamento marxista não teve o mesmo destino, quantas vezes não foi citado para ser enquadrado e imobilizado ao lado de outros imortais do passado?

O que caracteriza o arqueomarxismo, entretanto, não é sua imortalidade, sua antiguidade ou o fato de ser ultrapassado e sim, justamente, o fato deste não pertencer exclusivamente ao pretérito, de não ter sido superado, de ter muito a nos dizer, de tratar de modo inovador e instigante de problemas que são ainda os problemas do mundo contemporâneo. O lugar de uma relíquia é no passado ou em um presente artificialmente construído com vistas a simular o pretérito. O lugar do arqueomarxismo é no presente. Ele só faz sentido na medida em que puder continuamente provocar.

≈ ~ ≈

Meus comentários não abrangem o conjunto do arqueomarxismo e sim alguns autores – meus preferidos (posso confessar isso porque não pretendo escrutiná-los) – que partilham algumas características em comum. A primeira delas é o reconhecimento do marxismo como um método de análise das relações sociais. A segunda *é* uma atitude autorreflexiva que admite a possibilidade de aplicar o materialismo histórico ao próprio estudo do marxismo, o que implica afirmar a importância do caráter histórico deste e sua própria finitude. E a terceira é o compromisso político com a revolução social decorrente daquela análise das relações sociais acima apontada. Não é necessário desenvolver aqui essas características. Elas se tornarão evidentes nos textos que se seguem, assim o espero.

Versões preliminares dos comentários que se seguem foram publicadas anteriormente. "Lenin e a filosofia" apareceu na revista *Antítese* (n. 5, 2008); "Trotsky como historiador" foi publicado originalmente em livro organizado por David Maciel, Cláudio Maia e Antonio Henrique Lemos (*Revolução Russa: processos, personagens e influências*. Goiânia: Cepec, 2007); "Revolução permanente e transição" em *Outubro* (n. 5, 2000); "Para que serve a ortodoxia?" saiu pela primeira vez na revista *Universidade e Sociedade* (v. XIII, n. 30, 2003); "Gramsci no vértice dos tempos" em *Novos Rumos* (v. 36, n. 36, 2002); "Revolução passiva: o pretérito do futuro" na revista *Crítica Marxista* (v. 23, n. 23, 2006) e "Experiência e história em Walter Benjamin" nos *Cadernos UniABC* (n. 10, 1999). O comentário "O retorno do antitrotskismo" foi inicialmente publicado no portal do Partido Socialista dos Trabalhadores Unificado (PSTU).

Não considerei as versões preliminares como documentos históricos (documentos de quê, afinal?). Por isso me permiti modificá-las algumas vezes de modo substancial. Em primeiro lugar unifiquei as edições utilizadas, de modo a facilitar a vida do leitor, revi traduções, corrigi eventuais erros de redação e mudei títulos. Mas também alterei profundamente certos textos, expandindo ou suprimindo passagens quando considerei necessário e oportuno.

Em alguns poucos casos reformei conceitos para torná-los mais precisos. Um deles merece um alerta. O capítulo dedicado ao comentário da teoria da revolução permanente em Leon Trotsky intitulava-se originalmente "O primado da política: revolução permanente e transição". Avalio hoje que o marxismo gastou tempo demais discutindo o primado das forças produtivas, das relações de produção, da política ou da cultura. Ao invés de investir na relação dialética entre essas diferentes esferas, a ideia subjacente à busca de uma primazia causal afirmava um terreno exclusivo para a análise que se situava fora de toda história. Qualquer que fosse o pulsar do tempo, a resposta era a mesma.

Uma abordagem dialética, por outro lado, necessita tratar das discordâncias de um tempo escandido lógica e historicamente. Poderá, desse modo, encontrar determinações desse tempo que não implicam em reducionismos de qualquer tipo. Por essa razão, para tornar o conceito mais exato abandonei a ideia de "primado da política" para afirmar a "centralidade da política nos processos revolucionários". Ao definir de modo preciso o momento no qual essa a política se torna determinante, creio ter tornado mais claro esse conceito e me afastado de debates que considero dogmáticos e inúteis. Caberá ao leitor avaliar este livro e decidir se essa distância foi adequada. Pois o que posso esperar e desejar é apenas que os textos a seguir sejam submetidos a implacável escrutínio e não ao comentário.

1

LENIN COMO FILÓSOFO

Quando se fala de um pensamento marxista, poucos excluiriam Lenin da lista dos mais ortodoxos. A questão depende, entretanto, de como é formulada resposta à pergunta "o que é o marxismo ortodoxo?". Vale destacar que para um pensamento crítico a definição de ortodoxia é sempre problemática, pois ela não pode amparar-se em um argumento de autoridade ou de fé. Nesse sentido, a tacanha definição dada por Stalin da ortodoxia do marxismo como "a devoção sincera e proba ao poder soviético" poderia ser útil para um burocrata soviético exigir obediência, mas não para um marxista crítico. A questão não é mais simples quando se trata de identificar um leninismo ortodoxo. Muitos foram os que tentaram estabelecer uma listagem daquilo que constituiria a ortodoxia em termos de leninismo, começando sempre, evidentemente, pela concepção de partido, mas suprimindo arbitrariamente aspectos considerados indesejáveis de sua obra. A operação, realizada frequentemente também com a obra de Marx, produziu resultados contestáveis pela sua parcialidade, servindo mais para justificar as posições político-teóricas dos comentadores do que para revelar o núcleo do pensamento marxiano ou do lenineano.

O incômodo provocado por essas definições arbitrárias parece ter movido Lukács na sua investigação sobre o marxismo ortodoxo. O marxismo ortodoxo, afirmou em *História e consciência de classe*, não se reduz a uma adesão acrítica aos resultados da pesquisa de Marx, nem à fé na verdade revelada por uma ou outra tese. Contornando esse tipo de formulação, Lukács expôs sua definição de modo articulado em dois momentos diferentes. No primeiro, um momento lógico, escrevia que a única ortodoxia admissível em matéria de marxismo referia-se ao método. Nessa dimensão Lukács considerava o marxismo como uma teoria capaz de revelar o caráter fetichista das formas econômicas e a reificação das relações sociais. O isolamento de esferas da vida social e a afirmação de especialidades do conhecimento referidas exclusivamente a estas dariam lugar, assim, a um método que insistiria na "unidade concreta do todo" (Lukács, 1989, p. 21). De acordo com o filósofo húngaro só seria possível apreender a realidade como totalidade concreta. "A totalidade é a categoria fundamental da realidade", afirmava em uma passagem célebre (*idem*, p. 24). A categoria de totalidade concreta não dissolveria, entretanto, os diferentes momentos que constituiriam o real. Antes disso, ela perceberia a autonomia deles como mera aparência e os consideraria na relação dialética que manteriam entre si. Seria essa relação do momento com o todo que condicionaria a objetividade assumida por todo objeto.

No segundo, um momento propriamente epistemológico que supunha o primeiro, Lukács afirmava uma profunda relação entre a teoria marxista e o movimento revolucionário. Segundo escreveu, o marxismo é a teoria que,

> pela sua essência, não é mais do que a expressão pensada do próprio processo revolucionário. Cada etapa desse processo se fixa na teoria para se tornar generalizável, comunicável, para poder ser aproveitada e continuada; não é mais que a fixação e a consciência de um

ARQUEOMARXISMO

passo necessário, e torna-se, ao mesmo tempo, pressuposto necessário para o passo seguinte (*idem*, p. 17).

Ou seja, o marxismo permitiria pensar uma realidade que se transforma, a revolução que ele quer fazer, porque essa mesma realidade, essa mesma revolução é parte dele. Uma ruptura com o método dialético, como aquela levada a cabo por Eduard Bernstein, era, assim, essencial para a construção de uma teoria consequente do oportunismo capaz de imaginar uma passagem evolucionista, natural e sem luta ao socialismo, mas não de realizar essa transição. A definição não era plenamente satisfatória e o próprio Lukács reconheceu mais tarde que ela era excessivamente minimalista. Embora não seja a melhor definição possível, ela pode ser utilizada para compreender melhor o pensamento de Lenin.

O argumento de Lukács encontrou um destino peculiar. Quando o marxismo procurou se livrar da carga paralisante imposta pelas dogmáticas social-democrática e stalinista, o critério apresentado pelo marxista húngaro resultou ser inspirador. Mas a apropriação habitual destacou apenas o nível lógico da formulação. Desse modo, indicava-se a possibilidade de um marxismo crítico capaz de se voltar sobre si próprio. Mas nem sempre foi dada a devida ênfase no compromisso, destacado por Lukács, da teoria marxista com a revolução. Como em várias outras ocasiões, o comunista húngaro esteve muito à frente de seus intérpretes.

A definição de Lukács apresentava problemas tanto no nível lógico como no epistemológico. Uma metodologia minimalista que enfatizava de modo unilateral o conceito de totalidade repercutia em uma epistemologia desprovida de mediações, na qual a passagem do processo revolucionário, ou seja, da ação do movimento operário, para a teoria revolucionária ocorria de modo direto. Por isso, não deixa de ser irônico que Lukács tenha tardiamente definido de modo *naïf* o stalinismo como uma tendência a "abolir quando possível todas as mediações, e a de instituir uma conexão imediata entre os fatos mais crus e as posições teóricas mais gerais" (Lukács, 1977, p. 6).

Ao contrário do comumente aceito, a tese da ortodoxia metodológica afirmada por Lukács era menos inovadora do que muitos imaginaram e parece ter sido de uso corrente entre os marxistas russos do final do século XIX e início do XX. Plekhanov, em sua obra *Princípios fundamentais do marxismo*, já afirmava: "A interpretação materialista da história tem, sobretudo, um valor metodológico" (Plekhanov, 1978, p. 25). Lenin não diferia nessa questão de Plekhanov e em sua polêmica com os populistas russos, no final do século XIX, colocou a questão em termos muito semelhantes. Assim como outros marxistas de sua época, preocupado com a aparente excepcionalidade do desenvolvimento capitalista em seu país, viu-se perante o desafio de apropriar-se criticamente da obra de Marx, evitando assim transpor mecanicamente os resultados de uma pesquisa sobre o desenvolvimento do capitalismo no Ocidente e a transformação desta numa filosofia da história.

Desse modo, afirmava em "Nosso programa", o artigo escrito para *Rabochaya Gazeta*, órgão oficial do Partido Operário Social-Democrata da Rússia (POSDR):

> Não consideramos a teoria de Marx como algo completo e inviolável; pelo contrário, estamos convencidos que ela colocou a pedra fundacional da ciência a qual os socialistas devem desenvolver em todas as direções se desejam manter-se em consonância com a vida. Pensamos que uma elaboração independente da teoria de Marx é particularmente importante para os socialistas russos; porque essa

ARQUEOMARXISMO

teoria fornece apenas princípios diretivos gerais, os quais são aplicados, em particular, à Inglaterra de um modo diferente que à França, na França diferentemente da Alemanha e na Alemanha de modo distinto da Rússia (LCW, v. 4, p. 211-212).

A questão assumia importância decisiva no debate russo de então. Assim, discutindo a afirmação feita pelo populista Nicolai Mikhailovski, que atribuía aos marxistas um "esquema histórico abstrato" que apagava as particularidades do desenvolvimento econômico e político russo, Lenin afirmava:

> Nenhum marxista utilizou jamais, em momento algum, o argumento de que na Rússia "deve existir" capitalismo "porque" existiu no ocidente, etc. Nenhum marxista viu jamais na teoria de Marx uma espécie de esquema filosófico-histórico obrigatório para todos, algo mais do que a explicação de uma determinada formação econômico-social (LCW, v. 1, p. 192).[1]

E a seguir, depois de reivindicar o esforço de Plekhanov e seu círculo na análise de relações sociais "sumamente complicadas e confusas", Lenin concluía: "os marxistas tomam da teoria de Marx, sem restrições, apenas os métodos mais valiosos, sem os quais uma elucidação das relações sociais é impossível" (LCW, v. 1, p. 194). A afirmação de Lenin visava, portanto, rejeitar todo dogmatismo.

Foi esse antidogmatismo o que atraiu Lukács em direção a Lenin. Quando Lukács escreveu seu opúsculo sobre Lenin, em 1924, a abordagem de *História e consciência de classe* foi retomada. Nele, o materialismo histórico era definido de um ponto de vista epistemológico

---

1 O argumento não fazia senão repetir a resposta do próprio Marx ao artigo do mesmo Mikhailovski, publicado no *Otiechesviennie Zpiski* (Cf. Marx e Engels, 1965, p. 312).

como a teoria da revolução proletária, ou seja, teoria sobre e para essa revolução. "É assim porque sua essência é a síntese conceitual desse ser social ao qual se deve a produção do proletariado e que determina o ser inteiro do mesmo; o é porque o proletariado que luta pela sua liberação encontra nele sua mais clara autoconsciência" (Lukács, 1974, p. 18). A relevância de um autor para o marxismo estaria, portanto, na sua capacidade de penetrar esses problemas e de "perceber adequadamente, para além dos fenômenos da sociedade burguesa, essas tendências da revolução proletária que neles e por meio deles são elaborados até adquirir um ser eficaz e uma clara consciência" (*idem*).

O lugar que Lukács atribuía a Lenin na história do marxismo era devido, justamente, a essa capacidade de pensar a revolução:

> Lenin jamais generalizou – assim como Marx também nunca o fez – experiências locais privativas da Rússia, limitadas no tempo ou no espaço. Com o olhar do gênio soube perceber, pelo contrário, no lugar e no momento de seus primeiros efeitos, o problema fundamental de nossa época: a iminência da revolução. E todos os fenômenos tanto russos como internacionais, compreendeu-os e fê-los inteligíveis a partir dessa perspectiva da atualidade da revolução (*idem*, p. 11-12).

A "atualidade da revolução" é sem dúvida um conceito mais exato do que o da "iminência da revolução". A atualidade não é idêntica à iminência. Enquanto a primeira se afirma no tempo estendido de uma época histórica, a época do imperialismo, com suas guerras, revoluções e contrarrevoluções, a segunda se coloca no tempo acelerado da conjuntura. Mas não podemos esquecer os pendores ultraesquerdistas do jovem Lukács. De todo modo, é esse o fundamento do pensamento de Lenin, segundo o intérprete. E era esse fundamento que

ARQUEOMARXISMO

o conectava de modo decisivo com a teoria de Marx e lhe permitia atualizá-la. Como expressão da luta do proletariado, o materialismo histórico somente poderia desenvolver-se plenamente no momento em que essa luta atingisse seu ápice, permitindo a realização de seu potencial e afirmando sua atualidade prática: "No materialismo histórico figura, pois, como condição prévia – já na teoria – a atualidade histórico-universal da revolução proletária" (*idem*, p. 13).

A relevância de Lenin estaria, portanto, no fato de ter consumado o passo necessário para a concretização do marxismo, "um marxismo atualmente convertido em algo eminentemente prático" (*idem*, p. 15). A atualidade da revolução passava a ser a lente a partir da qual o revolucionário russo olhava os problemas de seu tempo. Todos eles, inclusive os filosóficos, como demonstra sua vigorosa intervenção no debate da época com sua obra *Materialismo e empiriocriticismo*, e não apenas aqueles da política cotidiana. O leninismo era, portanto, um pensamento concreto que se vertia completamente em uma práxis revolucionária:

> A tradição do leninismo não pode, pois, consistir senão em manter de pé – sem falseá-la nem torná-la rígida – a função viva e vivificante ao mesmo tempo crescente e enriquecedora do materialismo dialético. Daí – repetimos – que Lenin deva ser estudado pelos comunistas de maneira similar àquela que Marx foi estudado por Lenin. Deve ser estudado para aprender o método dialético (*idem*, p. 129).

A ortodoxia lenineana incorporaria, portanto, uma forte dimensão metodológica, segundo Lukács. Assim como a ortodoxia marxista, o núcleo do pensamento de Lenin também poderia residir em seu método. Tal afirmação foi partilhada por Henri Lefebvre, para quem "Lenin foi também um filósofo. E em nossa opinião, o seu pensamento filosófico é o que nos dá o fio condutor que atravessa toda a obra e a

28 ALVARO BIANCHI

torna compreensível" (Lefebvre, 1969, p. 14). Essa afirmação não pode ser endossada sem ressalvas. A promoção de Lenin a filósofo era funcional para a política da burocracia soviética. Apresentado como um *sistema* coerente e imutável, o "leninismo" era para Stalin o "marxismo da era do imperialismo e da revolução proletária. Para ser mais exato, leninismo é a teoria e a tática da revolução proletária em geral, a teoria e tática da ditadura do proletariado em particular" (Stalin, 1974, p. 133).[2] Essa definição permitiria a Stalin afirmar a possibilidade do socialismo nacional na "era do imperialismo" – hipótese explicitamente rejeitada por Marx e Engels – e reivindicar para si o direito de sucessão sobre o legado de Lenin. Daí que a afirmação do caráter particular do leninismo fosse completada com a remissão do pensamento de Marx e Engels a uma era pré-revolucionária. A operação teórica que transformou Lenin em um filósofo após sua morte sustentava esse absurdo mediante a transformação do leninismo em uma "*teoria integral* que surgiu em 1903 e passou pelo teste de três revoluções", nas palavras de Stalin (1976, p. 3). Desaparecia, assim, a ruptura política levada a cabo por Lenin em abril de 1917 com sua própria concepção de revolução.

Muito embora Lenin não seja o criador de um sistema filosófico, de uma "teoria integral", é possível sustentar a existência de uma reflexão filosófica lenineana e afirmar a necessidade de resgatá-la por parte de um pensamento crítico. Não se trata de criar mais um fetiche em torno de *Lenin filósofo* ou da originalidade de seu método (cf. p. ex. Althusser, 1972). Daí a apropriação crítica feita aqui da definição de Lukács. Apesar da figura de um Lenin como homem de ação, um dirigente partidário "prático" ser muito difundida, sua estreia no âmbito do marxismo ocorreu como intelectual. São notáveis os textos

---

2 Ver a crítica de Leon Trotsky (1989, p. 389-411).

ARQUEOMARXISMO

precoces de análise das concepções econômicas dos populistas e do chamado "marxismo legal". Inscrevendo-se como crítica a um marxismo vulgar, esses textos escritos entre 1893 e 1899 constituem uma consistente crítica teórico-metodológica à ideologia política russa e à economia política produzida nesse país (cf. LCW, v. 1, p. 13-507 e v. 2, p. 129-265 e 355-458). A particularidade do marxismo de Lenin nesse período é que nele o método transforma-se em política com a mediação do partido. Nisso sua dialética se afasta decididamente de uma concepção meramente especulativa do real. O método dialético incorpora uma dimensão partidária na medida em que: 1) ele é o resultado e parte do antagonismo social; 2) ele encerra um programa de transformação da realidade por meio da ação do partido.

A metodologia lenineana recusa, desse modo, tanto o subjetivismo como o objetivismo vulgar. O eco da *Methodenstreit* alemã ouvia-se claramente na Rússia. O debate não reproduzia, entretanto, as mesmas linhas divisórias estabelecidas pela Escola Histórica Alemã de Gustav Schmoller e pela nascente Escola Austríaca, de Carl Menger. Assim como Menger, Nicolai Mikhailovski sustentava um subjetivismo radical, afirmando ser o "indivíduo vivo com todas suas ideias e sentimentos" o "agente da história por conta e risco" (*apud* LCW, v. 1, p. 397). Mas a defesa da neutralidade axiológica do conhecimento científico, princípio caro a Menger, era feita por Piotr Struve contra Mikhailovski em nome da objetividade de "tendências históricas invencíveis, que como tal devem servir, por um lado, como ponto de partida e, por outro, como limite necessário para toda atividade orientada dos indivíduos e grupos sociais" (*idem*). Nada que um marxista vulgar não objetasse ao idealismo.

Mas não era essa a posição de Lenin. Ele recusava a neutralidade axiológica dos chamados objetivistas sem recusar, entretanto, o objetivismo como método. Os objetivistas afirmavam a necessidade, ou seja, a inevitabilidade de um dado processo histórico tornando-se primeiro prisioneiros e depois apologistas dos fatos. Daí transformarem a crítica ao excepcionalismo do desenvolvimento da sociedade russa, apregoado pelos populistas, em uma defesa apaixonada da modernidade capitalista do Ocidente. Lenin afastava-se decididamente tanto do eslavófilo Mikhailovski como do ocidentalista Struve, negando metodologicamente essas correntes e afirmando as ferramentas teóricas necessárias à análise crítica do desenvolvimento do capitalismo na Rússia. Ao contrário dos objetivistas, afirmava Lenin, os materialistas remetiam a uma dada formação econômico-social e às relações sociais antagônicas existentes, e ao fazerem isso davam ao seu objetivismo um conteúdo mais profundo e cheio de significado. Ao invés de se limitarem a afirmar a necessidade de um processo histórico, definiam seu conteúdo de classe e sua posição perante ele. A metodologia lenineana era, portanto, uma metodologia partidária. Afirmava Lenin:

> Em um caso dado, por exemplo, o materialista não se limitaria a constatar a existência de "tendências históricas irresistíveis" mas apontaria a existência de certas classes as quais determinam conteúdo de um dado sistema e excluem a possibilidade de qualquer solução que não a ação dos próprios produtores. Por outro lado, materialismo inclui partidarismo, por assim dizer, e impõe a adoção direta e aberta do ponto de vista de um grupo social dado em cada abordagem de eventos (LCW, v. 1, p. 400-401).

A diferença entre os marxistas e os objetivistas residia, para Lenin, no fato de que os primeiros não recusavam a priori uma tomada de posição e, por isso mesmo, faziam ciência com "espírito de partido" (cf. Labica, 1977). O conhecimento científico (marxista) da realidade seria, portanto, um conhecimento engajado na medida em que se construiria revelando aquilo que a ideologia burguesa tenderia a ocultar, a relação existente entre as classes sociais.

ANÁLISE CONCRETA DA SITUAÇÃO CONCRETA

O ano é 1904 e o texto aquele, bastante conhecido, no qual Lenin relata de modo minucioso o 2º Congresso do POSDR e a ruptura ente bolcheviques e mencheviques. Era com referência ao conflito que opôs as frações no interior do POSDR que Lenin afirmou: "Nossa luta não poderia ser entendida sem estudar as condições concretas de cada batalha. E, ao estudá-las, veremos claramente que seu desenvolvimento procede dialeticamente, por meio de contradições" (LCW, v. 7, p. 411). A seguir Lenin descreveu a transformação das tendências no interior do partido com base "na grande dialética hegeliana, que o marxismo adotou depois de colocá-la de pé", para depois afirmar: "Um dos princípios básicos da dialética é que não existe verdade abstrata, a verdade é sempre concreta" (*idem*, p. 412).[3]

A mesma afirmação era feita na resposta de Lenin a texto de Rosa Luxemburg sobre idêntica questão: "Este abc [da dialética] afirma que não há verdade abstrata, que a verdade é sempre concreta". O contexto no qual Lenin repetiu sua frase é elucidativo. Argumentava o marxista russo que Luxemburg lhe atribuía "lugares-comuns, princípios e considerações de conhecimento geral, verdades absolutas, e esforça-se por passar em silêncio as *verdades relativas que se baseiam*

---

3 Segundo Robert Mayer (1999, p. 44), a ideia de que a verdade é sempre concreta é o princípio essencial da dialética leninista. A fonte desse princípio não seria, entretanto, Hegel e sim Chernichevski e Plekhanov.

em fatos rigorosamente estabelecidos e que são as únicas com que eu opero" (LCW, v. 7, p. 477-478, grifos meus). As fórmulas políticas abstratas e universais são sempre falsas para Lenin, que insistia em sua polêmica com Rosa Luxemburg na necessidade de rejeitar soluções universais para problemas políticos concretos.

O que era, então, para Lenin, o método dialético acima anunciado? O método dialético tal qual compreendido por Lenin é sintetizado na fórmula "análise concreta". Esse método tem a função de compreender a "situação concreta" com vistas à sua transformação. Ele é um método que toma partido na medida em que a análise concreta revela as contradições ocultas e tem por objetivo a transformação da realidade analisada. É com esse sentido que a questão da dialética emergia no texto de Lenin. Repetidas vezes ele reafirmou de vários modos essa fórmula. E na crítica à revista *Kommunismus*, com a qual Lukács colaborava, Lenin colocou a questão de modo clássico: "o que constitui a verdadeira substância (*gist*), a alma viva do marxismo – uma análise concreta de uma situação concreta" (LCW, v. 31, p. 166).

A fórmula lenineana adquiriu contornos precisos a partir de suas investigações filosóficas dos anos de 1914-1916. Foi ao longo desses anos que ele organizou seus estudos filosóficos e fez os conspectos da *Ciência da Lógica*, da primeira parte da *Enciclopédia das Ciências Filosóficas*, das *Lições de História da Filosofia* e das *Lições de Filosofia da História*, de G. W. Hegel, bem como de obras de Feuerbach, Lassalle e Aristóteles. Foi dessa época, também, uma série de textos de intervenção política nos quais a dialética ocupava um lugar explícito, como *A falência da Segunda Internacional*; *O imperialismo, fase superior do capitalismo*; *O socialismo e a guerra*; *Sobre a palavra-de-ordem dos Estados Unidos da Europa*; *Sobre a brochura Junius*; dentre outros.

Nessa nova abordagem, Lenin enfatizou continuamente a necessidade de substituir a afirmação dogmática pela análise concreta da situação concreta. A chave aqui está evidentemente na palavra que se repete. A concretude da situação é dada pela especificidade de um momento histórico dado. O que Lenin exigia era que cada situação fosse tomada em sua particularidade. "Momento atual", "momento presente", "situação imediata" e "situação específica" são alguns dos sinônimos utilizados por Lenin ao longo de sua obra para expressar essa "situação concreta".[4] Por meio deles é ressaltado o caráter único de uma situação da qual o sujeito do conhecimento – para Lenin o partido – é também parte daquilo que deve ser conhecido. Assim, na sua crítica à brochura de Rosa Luxembug sobre a guerra ele afirmava: "a dialética marxista exige uma análise concreta de cada situação histórica específica" (LCW, v. 22, p. 316). É sintomático que Lenin enfatizasse essa questão em meio à luta política contra a guerra. Pois não se tratava, para ele, de formular dogmaticamente uma política contra toda guerra e sim contra essa que estava em curso. Assim, afirmando que na situação de 1916 Rosa Luxemburg (Junius) encontrava-se correta ao preconizar a luta "contra o fantasma da guerra nacional", alertava que o "erro seria apenas exagerar essa verdade, fugir à exigência marxista de ser concreto, estender a apreciação da guerra atual a todas as guerras possíveis sob o imperialismo, esquecer os movimentos nacionais *contra* o imperialismo" (*idem*, p. 308-309).

Na ênfase dada ao caráter concreto de cada situação encontra-se a recusa a todo dogmatismo. Trata-se de aproximar-se de uma dada situação destacando sua particularidade. Síntese de múltiplas

---

4 Cito apenas, como exemplos, dois textos dos inúmeros nos quais esses termos são utilizados: LCW, v. 10, p. 112-119 e v. 15, p. 321-324.

determinações, a situação concreta assume em dado momento um caráter singular que precisa ser destacado. Suas determinações somente tornam-se inteligíveis quando ressaltada sua condição histórica. Quando Lenin afirmava ser seu objeto uma "situação imediata" não estava, portanto, confundindo o concreto com aquilo que seria imediatamente dado aos sentidos e que, portanto, não constituiria senão a aparência de um momento histórico. O caráter imediato de uma situação seria dado apenas pela sua atualidade. A situação, como um entroncamento histórico particular de múltiplas determinações, seria concreta na medida em que se afirmando no tempo presente fosse a única que se encontra aberta à ação do partido e que pudesse, portanto, ser por ele transformada.

Quando, por exemplo, Lenin definiu no começo da Primeira Guerra Mundial a situação como revolucionária, foi além da aparência e do pessimismo que esta alimentava nos socialistas da época. Assumindo aquela situação presente como objeto de seu estudo, procurou revelar a relação de forças entre as classes que se manifestava sob a forma de uma guerra mundial em seus momentos econômico, político e ideológico. A análise da situação era, assim, o pré-requisito de uma ação planejada com o objetivo de superar o presente, na medida em que permitia identificar de modo preciso aquelas configurações objetivas, ou seja, independentes da vontade do partido (mas não de sua ação), nas quais "a base não queira mais viver como antes" e "a cúpula não possa mais", como afirma em *A falência da Segunda Internacional* (LCW, v. 21, p. 213-214). São estas configurações históricas particulares e excepcionais que Lenin denominou de situações revolucionárias. Anos mais tarde repetiria a fórmula:

A lei fundamental da revolução, confirmada por todas as revoluções e, em particular, por todas as três revoluções russas do século XX, consiste no seguinte: para a revolução não basta que as massas exploradas e oprimidas tenham consciência da impossibilidade de viver como dantes e exijam mudanças; para a revolução é necessário que os exploradores não possam viver e governar como dantes. Só quando os "de baixo" não querem o que é velho e os "de cima" não podem como dantes, só então a evolução pode vencer (LCW, v. 31, p. 84-85).

A situação é, assim, a expressão de uma determinada relação de forças entre as classes sociais. Ou seja, sua definição é relacional; ela está centrada na posição ocupada pelas classes em um momento particular do conflito social. A análise dessas situações particulares permite encontrar os pontos de ruptura nos quais a ação do partido pode alterar a relação de forças dada e transformar a situação revolucionária em revolução. Mas não é à análise concreta da situação concreta que cabe essa transformação e sim à ação política. Nas fundamentais *Cartas sobre a tática*, publicadas como introdução às famosas *Teses de Abril*, em 1917 Lenin alertava contra o perigo de confundir a análise com a vontade do partido. Na ocasião, afirmava: "O marxismo exige de nós que tenhamos em conta do modo mais preciso e objetivamente verificável a correlação das classes e as particularidades concretas de cada momento histórico" (LCW, v. 24, p. 43). Mas a precisão da análise não implicaria em sua neutralidade. A análise é partidária, portanto, na medida em que revela aquilo que outros partidos procuram ocultar sob o véu da ideologia e não porque transforme a realidade no sentido indicado pelo partido.

Por sua vez, a concretude da análise é dada pelo seu caráter dialético. O que Lenin exigia neste ponto era, por um lado, que se evitasse todo unilateralismo e, por outro, que a totalidade fosse apreendida em seu movimento. Nesse sentido foi além de Lukács ao afirmar como fundamentos lógicos do real não apenas a totalidade, mas também sua gênese. O pensamento dialético não se limita a captar a diferença e a contradição. Ele fixa sua atenção na transição entre as diferentes formas. A razão dialética tensiona as diferenças levando-as a seu extremo, até a oposição. Levadas a esse extremo, elas tornam-se vivas e ativas umas em relação às outras, adquirindo a negatividade que é *"pulsão interna do automovimento e da vitalidade"* (LCW, v. 38, p. 143).

Em suas notas sobre o livro de Hegel, *Ciência da lógica*, os elementos da dialética foram assim sumariados por Lenin: "1) A determinação do conceito a partir de si próprio (a própria coisa é nas suas relações e no seu desenvolvimento que deve ser encarada); 2) a contradição na própria coisa (*das Andere seiner*), as forças e tendências contraditórias em cada fenômeno; 3) a união da análise e síntese". Mas Lenin parece não ter ficado satisfeito com essa primeira enumeração e, a seguir, apresentou esses elementos de modo mais pormenorizado. Vale a pena citar na íntegra:

> Os elementos da dialética: 1) a objetividade da observação (não exemplos, não desvios, mas a coisa em si própria); 2) toda a soma das variadas relações desta coisa com as outras; 3) o desenvolvimento desta coisa (respective [ou] do fenômeno), o seu próprio movimento, a sua própria vida; 4) as tendências (e diferentes aspectos) internamente contraditórias nesta coisa; 5) a coisa (o fenômeno, etc.) como soma e unidade dos opostos; 6) luta respective [ou], o desenvolvimento destes opostos, impulsos contraditórios,

ARQUEOMARXISMO

etc.; 7) união da análise e da síntese – a decomposição em partes isolada e a soma, a adição destas partes; 8) as relações de cada coisa (fenômeno, etc.) não só são variadas, mas gerais, universais. Cada coisa, (fenômeno, processo, etc.) está ligada com as demais; 9) não só unidade dos opostos, mas transição de cada determinação, qualidade, traço, aspecto, propriedade, para cada outro; 10) processo infinito de descoberta de novos aspectos, relações, etc.; 11) processo infinito de aprofundamento do conhecimento pelo homem da coisa, dos fenômenos, dos processos, etc., dos fenômenos à essência e de uma essência menos profunda a uma essência mais profunda; 12) da coexistência à causalidade e de uma forma de conexão e interdependência a outra, mais profunda, mais geral; 13) repetição num estádio superior de certos traços, propriedades, etc. de um inferior e 14) aparente regresso ao velho (negação da negação); 15) luta do conteúdo com a forma e inversamente. Rechaçar das formas, refazer do conteúdo; 16) transição da quantidade pra a qualidade e vice--versa (15 e 16 são exemplos de 9) (LCW, v. 38, p. 221-222).

Os elementos centrais dessa enumeração são apresentados em um fragmento intitulado *Sobre a questão da dialética* que sintetizava, em grande medida, seus estudos de 1914-1915 sobre o tema. Nesse texto, o ponto de partida era o reconhecimento do caráter contraditório do uno como a essência da dialética. Plekhanov, e até mesmo Engels, foram censurados por Lenin devido à pouca atenção que deram a esta questão. Era a contradição imanente existente em "todos os fenômenos e processos da natureza (incluindo também o espírito e a sociedade)" (LCW, v. 38, p. 360)[5] o que constitui a fonte do desenvolvimento

---

5 A existência de uma "dialética da natureza" pressuposta nesta afirmação foi questionada por um grande número de marxistas, dentre eles o próprio Lukács. A discussão dessa questão foge, entretanto, dos objetivos deste artigo (cf. Lukács, 1989, p. 19).

da totalidade: "A condição do conhecimento de todos os processos no seu 'automovimento', no seu desenvolvimento espontâneo, na sua viva vida, é o conhecimento deles como unidade de opostos. Desenvolvimento é 'luta de opostos'" (*idem*). Essa passagem é indicativa do alcance e ao mesmo tempo dos limites da leitura lenineana de Hegel, pois, a respeito dessa mesma unidade, escrevia poucas linhas, antes "identidade de opostos", para a seguir observar: "talvez seja mais correto falar de sua 'unidade', embora a diferença entre os termos identidade e unidade não seja particularmente importante aqui" (*idem*, p. 359). Mas é justamente num fragmento destinado a expor o conteúdo da dialética que essa diferença deveria ser fundamental.

Apesar da imprecisão terminológica, Lenin enfatizava de modo adequado a contradição. Ela é absoluta, assim como é absoluto o movimento, o desenvolvimento. A unidade dos opostos no interior da totalidade, por sua vez, é relativa, condicional, temporária e transitória, pois apenas existe sob sua forma particular enquanto a luta de opostos não encontrar solução. A diferença entre o caráter absoluto do movimento e o caráter relativo da unidade não era, por sua vez, absoluta para Lenin. Ela é relativa na medida em que para a dialética objetiva no relativo encontrava-se o absoluto.

O capital, de Marx, e a dialética da sociedade burguesa que ele continha era, para Lenin, um modo de exposição exemplar justamente por analisar, a partir da relação mais simples – a troca de mercadorias – "*todas* as contradições (*respective* [ou] os germes de *todas* as contradições) da sociedade contemporânea" e, a seguir, mostrar "o desenvolvimento (*tanto* o crescimento *como* o movimento) destas contradições e desta sociedade, no Σ [somatório] das suas partes singulares, do seu começo até o seu fim" (*idem*).[6] Esse modo de exposição é exemplar porque revela a unidade existente ente o singular e o universal, pois o universal existe apenas por meio do singular. É isso o que permite que a partir de uma proposição simples destacando uma singularidade, como por exemplo, aquela que abre o capítulo I de *O capital* – "A riqueza das sociedades nas quais prevalece o modo de produção capitalista aparece como uma 'imensa acumulação de mercadorias', e a mercadoria individual aparece como sua forma elementar" (Marx, 1990, p. 125) –, seja possível revelar os germes de todos os elementos da dialética.

Na vida social a luta de opostos não é senão a luta de classes, uma luta que se "desenvolve de modo metódico em suas três direções concertadas entre si: teórica, política e econômico-prática", como escrevera Engels, lembrava Lenin em *Que fazer?* (LCW, v. 5, 1964, p. 372). Mais uma vez escrevendo sobre a guerra, desta vez em *A falência da Segunda Internacional*, Lenin afirmou: "A dialética exige que um fenômeno social seja estudado em todos os seus aspectos, através de seu desenvolvimento, e que o aspecto exterior, a aparência, seja remetido às principais forças motrizes, ao desenvolvimento das forças produtivas e à luta de classes" (LCW, v. 31, p. 218). O impacto dos estudos sobre a dialética nesse texto é evidente, assim como em outras intervenções posteriores. No auge da aguda polêmica com Trotsky e Bukharin por conta do debate sindical na Rússia soviética, essa questão reapareceu em termos similares àqueles apresentados nos *Cadernos filosóficos*. Afirmava Lenin na ocasião:

---

6   Vale lembrar o famoso aforismo formulado por Lenin no Conspecto do Livro de Hegel "Ciência da Lógica": "Não é possível compreender plenamente o 'Capital' de Marx e particularmente o seu capítulo I sem ter estudado a fundo e sem ter compreendido toda a Lógica de Hegel. Por conseguinte, meio século depois nenhum marxista compreendeu Marx!!" (LCW, v. 38, p. 180).

40 ALVARO BIANCHI

Para conhecer de verdade o objeto é necessário abarcar e estudar todos os aspectos, todos seus vínculos e "mediações". Jamais conseguiremos isso completamente, mas a exigência da multilateralidade nos protegera contra os erros e a rigidez. Isso, em primeiro lugar. Em segundo lugar, a lógica dialética requer que o objeto seja tomado em seu desenvolvimento, em seu "automovimento" (como afirma Hegel às vezes), em sua mudança. (...) Em terceiro lugar, toda a prática do gênero humano deve fazer parte "da definição" completa do objeto como critério da verdade e como determinante prático do vínculo do objeto com a necessidade do homem. Em quarto lugar, a lógica dialética ensina que "a verdade abstrata não existe, a verdade é sempre concreta", como gostava de dizer depois de Hegel o defunto Plekhanov (LCW, v. 32, p. 94).

Chama a atenção que nos momentos mais tensos da luta política a concepção metodológica de Lenin aparecia com força. Essa aparição é reveladora da força política da metodologia lenineana. O argumento metodológico torna-se, nesses contextos, o mais eficaz para desatar o nó da política, revelando suas determinações. Daí sua presença nos momentos críticos da política, como na situação dos anos 1914-1915. Segundo Michael Löwy, os estudos filosóficos levados a cabo por Lenin após o início da guerra teriam provocado um "corte" no pensamento do revolucionário russo que teria rompido com o materialismo pré-dialético do "velho bolchevismo" e cortado as amarras que o prendiam ao marxismo evolucionista da Segunda Internacional (Löwy, p. 130-135). Paradoxalmente, o mesmo "corte epistemológico" que Löwy recusava a Marx, atribui a Lenin. Não é necessário alinhar--se com essa tese para concordar com a força dos problemas de pesquisa levantados por Löwy:

ARQUEOMARXISMO

Seria necessário um dia reconstruir o itinerário que levou Lenin do trauma de agosto de 1914 à *Lógica* de Hegel, apenas um mês depois. Simples vontade de retornar às fontes do pensamento marxista? Ou intuição lúcida de que o tendão de Aquiles metodológico do marxismo da II Internacional era a incompreensão da dialética? (*idem*, p. 131).

Parece indubitável o impacto da leitura de Hegel nos escritos posteriores de Lenin. Mas a tese de um suposto "corte epistemológico" não é capaz de explicar sua trajetória intelectual. A questão é o que fazer com *Que fazer?* Ou seja, assumida a tese do "corte", a relação entre a teoria do partido formulada por Lenin antes de 1914 e o método dialético ficaria sem solução. Ou a teoria do partido afirmar-se-ia independente do método dialético e, portanto, do próprio marxismo; ou a teoria do partido, como expressão do método dialético no terreno organizativo, seria fraturada pelo mesmo "corte". Sabe-se que há nuances importantes, nem sempre levadas em consideração, entre a teoria de *Que fazer?*, escrito em 1903, e *Esquerdismo, doença infantil do comunismo*, de 1921, por exemplo. Afinal, três revoluções e uma guerra deveriam ter seu impacto na teoria, como de fato tiveram. Mas em seus postulados básicos a teoria do partido permanece em sua essência a mesma: uma organização centralizada de revolucionários profissionais, capaz de fundir o marxismo com o movimento espontâneo e inconsciente da classe operária.[7]

Descontinuidades mais importantes há, entretanto, na teoria política lenineana, e particularmente em sua teoria do Estado e da revolução. A demora em reconhecer o papel dos *soviets* e a recusa do caráter socialista da revolução russa durante os acontecimentos de

---

7   Sobre a continuidade da teoria do partido em Lenin e seu caráter dialético, ver Benoit (1998).

1905 são indicativos dos limites do marxismo de Lenin nos primeiros anos do século XX. Para a superação desses limites foi importante sua leitura de Hegel. Mas ao invés de sugerir que foi unicamente a leitura de Hegel que motivou essas descontinuidades, considero mais prudente afirmar que uma mudança histórica na relação de forças entre as classes – a Guerra e a Revolução – levou Lenin a abordar situações concretas para as quais suas concepções se mostravam claramente inadequadas. Necessitou então construir novas ferramentas teóricas que lhe permitissem levar a cabo uma análise concreta. Daí a importância de sua leitura de Hegel e de sua crítica metodológica ao marxismo da Segunda Internacional.

2

TROTSKY COMO HISTORIADOR

A análise da obra de um autor como Leon Trotsky coloca um grande número de problemas que é preciso ter em mente. Trata-se, em primeiro lugar, de uma obra de grande extensão que se desenvolve de maneira não linear, apresentando inflexões, rupturas e transformações implícitas e explícitas em seu interior. Trata-se, em segundo lugar, da obra de um militante político, de um personagem ativo dos acontecimentos históricos aos quais se refere.

As particularidades de tal obra obrigam, portanto, a tomar certos cuidados, para valorizá-la de maneira adequada. É preciso verificar o estatuto que cada texto, grande parte artigos de polêmica ou documentos partidários, ocupa no interior da própria obra e cotejá-la com a prática política do autor. Tal procedimento não implica em uma seleção arbitrária daquilo que é relevante e do que não é. Antes de tudo é necessário encontrar a linha vermelha que atravessa os textos do autor e identificar nesse percurso os ponto de maior incandescência. Na obra de Leon Trotsky essa linha percorre os problemas próprios da revolução mundial, e os pontos de maior incandescência são aqueles nos quais a análise histórica se confunde com a formulação teórica.

Os primeiros esboços que Leon Trotsky produz de sua teoria da revolução permanente encontram-se presentes em *1905* e *Balanço e perspectivas*, as duas obras que consagrou à análise da primeira revolução operária do século. A força daquela concepção da História que se verificou plenamente em *História da Revolução Russa* foi mobilizada pela primeira vez nessas obras. O ponto de partida era a análise do capitalismo russo e suas profundas relações com o capitalismo europeu. Era a inserção da Rússia na economia europeia o que a distinguia. Segundo Trotsky, "a vida social russa, edificada sobre fundamentos econômicos internos dados não deixava de submeter-se á influência e inclusive à pressão do meio sócio-histórico exterior" (1969, p. 398).

Pressão essa que se exercia no terreno da economia, mas também, senão principalmente, na arena política. Cercada por potências estrangeiras, a Rússia viu-se empurrada para o capitalismo em condições ditadas pelo primitivismo de sua economia nacional. Faltava ao país dos tsares aquele dinamismo interno que havia permitido a transformação de pequenos produtores em empresários capitalistas. O impulso transformador não viria de baixo para cima. Teria que vir, então, de cima para baixo e de fora para dentro.

As condições sob as quais a pressão externa foi exercida levaram o Estado russo a exercer o papel de protagonista na construção do capitalismo naquele país. Dessa forma, o mercado mundial condicionou o desenvolvimento do capitalismo na Rússia através da mediação do Estado tsarista. O capitalismo russo "aparece como engendrado pelo Estado" (*idem*, p. 401).

O império dos tsares, afirmou Trotsky, não adentrou ao capitalismo pela porta dos fundos e sim o fez, com pompa e circunstâncias, pela porta da frente do capitalismo financeiro. Não o fez, entretanto, de maneira espontânea e sim, sob a constante pressão da Europa: "A nova Rússia tomou um caráter particular na medida em que recebeu o batismo capitalista, na segunda metade do século XIX, do capital

ARQUEOMARXISMO

europeu, que se apresentou sob sua forma mais concentrada e abstrata, como capital financeiro" (*idem*, p. 54).

A concepção antideterminista e antidogmática da história desenvolvida por Trotsky e sua rejeição de todo automatismo economicista, afirmados em seus escritos dos primeiros anos do século XX, ocupam importante lugar em sua madura *História da revolução russa*. Já no prefácio desse livro seu autor anunciava um ambicioso projeto historiográfico que se colocava no entroncamento histórico de múltiplas temporalidades, na revolução: "a história da revolução é para nós, principalmente, o resultado de uma irrupção violenta das massas nos domínios onde se pautam seus próprios destinos" (Trotsky, 1950, t. I, p. 10). Mas o projeto não se esgotava em uma narrativa dos acontecimentos. Para além dessa narrativa ele tinha o objetivo de esclarecer as leis do próprio movimento histórico:

> A história de uma revolução, como toda história, deve antes de tudo relatar o que e como ocorreu. Mas isso não é suficiente. Depois da própria narrativa é necessário que se veja claramente por que as coisas ocorreram desse modo e não de outro. Os eventos não poderiam ser considerados como um encadeamento de aventuras, nem inseridos um após os outros sobre o fio de uma moral preconcebida, eles devem se conformar a sua própria lei racional. É a descoberta dessa lei íntima que o autor considera seu objetivo (*idem*, t. 1, p. 9).

A arquitetura da obra revela uma concepção da história que se afasta decididamente do determinismo economicista. "As peculiaridades do desenvolvimento da Rússia"; "A Rússia tsarista e a guerra"; "O proletariado e os camponeses"; "O tsar e a tsarina", os títulos dos primeiros quatro capítulos bastariam para indicar que o autor pretendia desenvolver uma análise histórica debruçando-se sobre um tempo multifacetado

48 ALVARO BIANCHI

que revelaria as várias dimensões da sociedade russa. Respondendo às críticas que a historiografia oficial soviética dirigiu à sua obra, Trotsky explicou da seguinte maneira seu método e seus objetivos:

> Na História [da Revolução Russa] tentei partir não de minhas simpatias políticas, mas do fundamento material da sociedade. Considerei a revolução como um processo, condicionado por todo o passado de uma luta implacável das classes pelo poder. No centro de minha atenção estavam colocadas as modificações na consciência das classes que se produziam sob a ação do ritmo febril de sua própria luta. Não considerei os partidos e os homens políticos de outro modo que sob a luz das modificações e dos choques que sofriam as massas. Quatro processos paralelos, condicionados pela estrutura social do país criaram o pano de fundo de toda a narrativa: a evolução da consciência do proletariado entre fevereiro e outubro; as mudanças produzidas no estado de espírito do exército; o incremento da revolta camponesa; o despertar e sublevação das nacionalidades oprimidas. Revelar a dialética da consciência das massas deslocadas de seu equilíbrio significou, também, para o autor mostrar a chave que permitiria penetrar o mais diretamente e o mais intimamente em todos os acontecimentos da revolução (Trotsky, 1978, p. 100).

A ordem dos capítulos de *História da revolução russa* indica um movimento que a partir de níveis mais abstratos de análise se dirige àqueles mais concretos na busca da apreensão dessa dialética. Se nos primeiros capítulos são definidas as relações de forças objetivas, ou seja, a estrutura, a materialidade das classes sociais, nos demais são as relações de forças políticas e ideológicas as que ganham força. Do lento tempo do desenvolvimento do capitalismo, um tempo no qual

ARQUEOMARXISMO

os indivíduos não tem vez, ao tempo frenético dos combates de rua, nos quais a personalidade do tsar torna-se decisiva. Unificando essas diferentes temporalidades está a própria revolução, o encontro da estrutura com os atores.

Salta aos olhos, entretanto, que embora o autor se dedicasse exaustivamente à análise da conjuntura política, não tenha produzido um exame da conjuntura econômica em suas obras de análise das revoluções de 1905 – *1905* e *Balanço e perspectivas* – e de 1917 – *História da revolução russa, Lições de outubro* (Trotsky, 1972) e *A revolução russa (Conferência)* (Trotsky, 1989). Evitava-se, desse modo, deduzir os movimentos revolucionários de fevereiro e de outubro a partir das oscilações da economia, tão ao gosto do marxismo vulgar. Revalorizando o lugar da vontade humana na história, das classes sociais e de suas formas partidárias, Trotsky descartou todo automatismo e afirmou a centralidade da política nos processos de revolução social. Na própria letra do texto seu autor se justificou a esse respeito:

> Em uma sociedade tomada pela revolução, as classes estão em luta. É, portanto, evidente que as transformações nas bases econômicas da sociedade e no substrato social das classes que se produzem entre o início e o fim de uma revolução, não são suficientes para explicar a marcha da própria revolução, uma vez que em um breve lapso de tempo ela derruba as instituições seculares, cria novas e as derruba novamente. A dinâmica dos eventos revolucionários é diretamente determinada pelas rápidas, intensas e apaixonadas conversões psicológicas das classes constituídas antes da revolução (Trotsky, 1950, t. I, p. 10).

Essas mudanças na psicologia das classes, ou seja, o processo de formação da consciência de classe, não se produziram, entretanto, de modo autônomo. Seguindo de perto Marx, Trotsky afirmava serem estas determinadas pelas condições gerais de existência. É importante ressaltar que por tais condições o autor de *História da Revolução Russa* entendia de modo abrangente as circunstâncias históricas da formação da sociedade russa em suas dimensões econômica, social e política, bem como a relação desse país com as potências estrangeiras. Daí que dedicasse os primeiros quatro capítulos à análise do desenvolvimento da sociedade russa e de suas forças internas, apresentando nos demais essas forças em plena ação.

Marxismo e sociologismo

Comentando o marxismo de Leon Trotsky, Nicolas Krassó acusou este de desenvolver, principalmente em sua *História da Revolução Russa* uma concepção impregnada de "sociologismo". Segundo Krassó:

> Assim como assinalado frequentemente, a História da Revolução Russa é, acima de tudo, um brilhante estudo da psicologia das massas e de seu oposto complementar, o esboço individual. Não é tanto uma explicação do papel do partido bolchevique na revolução como uma epopeia das multidões que dito partido conduziu à vitória. O sociologismo de Trotsky encontra aqui sua máxima expressão. O idealismo que necessariamente entranha produz uma visão da revolução que rejeita explicitamente a permanente importância das variáveis políticas. A psicologia da classe, combinação perfeita dos dois membros do permanente binômio – forças sociais e ideias –, converte-se na instância determinante da revolução (1970, p. 41-42).

A acusação central de Krassó era que essas forças sociais e ideias seriam consideradas "sem organizações políticas que interviessem como níveis permanentes e necessários da formação social" (*idem*, p. 20). A afirmação não deixa de ser surpreendente, já que Trotsky atribuiu importância decisiva ao Estado na formação social do capitalismo russo. Sobre isso é necessário acrescentar, para ser rigoroso, que o conceito de Estado mobilizado por Trotsky em *Balanço e perspectivas* apresentava ainda alguns limites e é possível encontrar em seu interior uma nítida contradição. O enunciado inicial do conceito era bastante convencional: "O Estado não é um fim em si. É apenas uma máquina em mãos das forças sociais dominantes" (Trotsky, 1969, p 419). A afirmação carregava um viés fortemente instrumentalista e de modo compatível com esse viés Trotsky insinuava a neutralidade do aparelho estatal, afirmando: "dependendo em que mãos se encontre pode ser a alavanca para uma revolução profunda ou o instrumento de uma paralisação organizada" (*idem*).

Não é este o lugar para apresentar de modo mais aprofundado a crítica ao conceito instrumental de Estado, mas para meus propósitos basta dizer que desde *A guerra civil na França*, redigido por ocasião da Comuna de Paris, Marx destacou que "a classe operária não pode se contentar em apossar-se do aparelho de Estado tal como se apresenta e de fazê-lo funcionar para seus próprios fins" (MECW, v. 22, p. 328). Ou seja, a mesma "alavanca" não poderia ser o instrumento de uma "revolução profunda" ou de "uma paralisação organizada", bastando mudar seu operador. A construção do socialismo exigiria uma máquina e ferramentas de outro tipo.

Embora o conceito de Estado mobilizado por Trotsky neste momento apresentasse limitações, sua abordagem não deixava de ser sutil e mesmo criativa em vários aspectos. A afirmação do Estado como uma máquina não definia senão o conteúdo de classe do Estado, e mesmo assim o autor não utiliza a palavra classe, preferindo "força social", para logo a seguir mencionar os "interesses de casta, dinastia, camada ou classe" (Trotsky, 1969, p 419). Tais interesses eram percebidos por Trotsky de modo original como a "organização, desorganização e reorganização das relações sociais" (*idem*). Na esfera da política, a coerção estatal sobre as classes subalternas – mas não apenas sobre estas – se exerceria de um modo negativo como supressão de sua capacidade de organização autônoma, ao mesmo tempo em que imporia, afirmativamente, formas controladas de participação. Na esfera da economia, a coerção estatal procuraria suprimir formas econômicas pré-capitalistas de produção e apropriação do excedente, ao mesmo tempo em que imporia novos modos de organização da produção, reconfigurando as relações sociais.

Os cuidados tomados lhe permitiam analisar de modo inovador o Estado absolutista russo. Enquanto, afirmava Trotsky, o absolutismo europeu nascia do equilíbrio de forças entre as classes dominantes, o que garantia ao aparelho governamental aquela independência que permitia a Luís XIV identificar-se com o Estado, na Rússia era a debilidade das classes sociais, da burguesia em primeiro lugar, o que possibilitava à autocracia se afirmar como um poder absoluto: "Nessa perspectiva, o zairismo é uma forma intermediária entre o absolutismo europeu e o despotismo asiático, e pode ser que se aproxime mais deste último", afirmou (*idem*, p. 21). Era essa condição de forma intermediária o que permitia ao Estado russo operar com elevada autonomia perante as classes sociais e manifestar-se ativamente no próprio

ARQUEOMARXISMO

processo de organização, desorganização e reorganização das relações sociais. Uma autonomia que era para Trotsky relativa.

Mas a importância da política não era afirmada apenas nesse tempo expandido da formação social. Para Trotsky, a política ocupava um lugar central nos processos revolucionários, daí a sua ênfase desde 1905 na questão da constituição das instituições políticas das classes trabalhadoras e, particularmente, dos *soviets*. Quem assumir seriamente a afirmação de Krassó ficará na difícil posição de explicar como o presidente do *soviet* de Petrogrado nas revoluções de 1905 e 1917 teria negligenciado... o *soviet* do qual era presidente.

E o que dizer dos capítulos chaves de sua *História da Revolução Russa* dedicados aos choques políticos no interior das instituições? O que dizer da reconstrução minuciosa dos conflitos no interior do governo provisório entre os diferentes grupos políticos; das disputas existentes nos *soviets*; dos embates existentes entre aquele governo provisório e estes *soviets* que constituíram uma dualidade de poderes; e, por fim, das diferenças existentes no seio mesmo do partido bolchevique? O equívoco da afirmação de Krassó encontra-se assentado em uma concepção da política que primeiro restringe esta a suas instituições para depois reduzi-las a uma única: o partido. Seu argumento tem como pressuposto um reducionismo institucionalista. Ora, para o marxismo a política é o espaço dos conflitos pela apropriação do poder político e, portanto, as instituições que compõem esse espaço são de grande relevância, muito embora elas não o preencham completamente.

A questão não é apenas conceitual, o argumento de Krassó é equivocado porque suprime parte fundamental do argumento de Trotsky. O conhecido nexo que o revolucionário russo estabelecia entre a crise

54 ALVARO BIANCHI

da humanidade e a crise de direção revolucionária do proletariado já indica, claramente, o vínculo que estabelecia entre classe e partido. Sobre esse nexo, é esclarecedor seu importante artigo de caráter teórico a respeito da Revolução Espanhola:

> o desenvolvimento da revolução consiste, precisamente, na mudança incessante e rápida da relação de forças sobre o impacto das mudanças na consciência do proletariado, a atração exercida sobre as camadas atrasadas pelas camadas avançadas, a confiança crescente da classe em suas próprias forças. *A mola principal, vital, deste processo é o partido, assim como a mola vital do mecanismo do partido é sua direção. O papel e a responsabilidade da direção em uma época revolucionária são colossais* (Trotsky, 1985, p. 328, grifos meus).

ROZHKOV, POKROVSKY E A HISTORIOGRAFIA SOVIÉTICA

Na transição para o socialismo, a centralidade da política se manifestaria de modo mais claro. Contrapondo-se às ideias do historiador Nicolai Rozhkov, Trotsky afirma a revolução proletária como *a* condição prévia do socialismo. O debate sobre as condições prévias para o socialismo ocupava então um lugar central entre a *intelligentsia* russa no começo do século XX. A partir de uma leitura reducionista de Marx, Rozhkov fixava três condições para o advento do socialismo na Rússia: 1) o predomínio "quase completo da produção em grande escala em todos os ramos da economia"; 2) o predomínio da produção cooperativa; e 3) "um desenvolvimento suficiente, no seio do proletariado, da consciência de classe a um grau necessário para realizar a unidade espiritual da esmagadora maioria das massas populares" (*apud* Trotsky, 1969, p. 435). Atendidas essas condições seria possível

ARQUEOMARXISMO

"abater aqueles magnatas do capital e organizar, sem revolução nem ditadura, uma ordem econômica socialista" (*idem*, p. 438).

Foi contra esse automatismo que Trotsky se levantou. O desenvolvimento técnico, a concentração da produção e a elevação da consciência das massas eram condições prévias para o socialismo. Mas esses processos ocorreriam de modo simultâneo e na sua articulação teriam seus tempos acelerados ou freados. Não haveria, portanto, automatismo. Se fosse possível pensar um desenvolvimento técnico autônomo, seu valor limite seria um único mecanismo que suprimisse todo trabalho humano e tornasse prescindível o próprio capitalista. Ocorre que o capitalismo encontra-se constrangido pelas relações de classe e a luta revolucionária. Para Trotsky,

> a questão é que esses processos que constituem as premissas históricas do socialismo não se desenvolvem isoladamente uns dos outros, mas se limitam mutuamente; e assim que elas atingem certo ponto que depende de numerosas circunstâncias, longe, entretanto, de seu limite matemático, são afetadas por uma mudança qualitativa, sua combinação complexa engendra, então, o fenômeno que nós denominamos de revolução social (*idem*, p. 440).

A discussão sobre as condições prévias, tal qual colocada até aqui, não faz senão fixar os limites de uma *época* histórica e afirmar o socialismo como uma possibilidade histórica. E era sobre isso que Trotsky discutia com Rozhkov. Mas para a análise da situação essas condições aparecem como constantes. A questão ficava clara em sua polêmica contra Pokrosvsky no prefácio à segunda parte de *História da revolução russa*. De 1918 até sua morte, em 1932, Pokrovsky foi figura chave da historiografia marxista soviética. Bolchevique desde 1905; foi presidente do Soviet de Deputados e Soldados de Moscou depois da revolução de Outubro de 1917 e vice-comissário para a Educação de 1918 a 1932, fundador e presidente da Academia Comunista; primeiro diretor do Instituto de Professores Vermelhos; e primeiro presidente da Sociedade de Historiadores Marxistas. A partir de 1925, Pokrovsky, o historiador sutil da sociedade russa, vinculou seu destino ao da camarilha stalinista: "toda a teoria histórica de Trotsky corrobora o veredicto negativo que o Partido pronunciou sobre o trotskismo", afirmou ainda naquele ano (*apud* Baron, 1974, p. 393).

Comentando a interpretação da Revolução Russa de Leon Trotsky, Pokrovsky o acusava de sustentar suas teses em uma concepção idealista que se afastava dos fatores objetivos da revolução. "Entre fevereiro e outubro ocorreu uma formidável desorganização econômica", que teria provocado a sublevação dos camponeses, afirmava Pokrovsky (*apud* Trotsky, 1950, t. II, p. 10). Era nesse deslocamento objetivo que radicariam as causas da revolução. Em sua obra *Teoria da revolução proletária*, Pokrovsky recorreu a uma leitura enviesada de Lenin para afirmar que apenas uma crise econômica geral seria capaz de produzir uma situação revolucionária, indispensável para o triunfo do movimento de massas. Daí o veredicto: "É isso, precisamente o que Trotsky não compreende, razão porque expõe a teoria de que: resume-se nos transes de protesto da massa trabalhista, que responsabiliza capitalmente a crise econômica, a possibilidade de sublevação do proletariado" (Pokrovsky, s.d., p. 40).

A oposição entre o materialismo histórico de Trotsky e o materialismo econômico de Pokrovsky é flagrante. Em sua exposição de 1914 da teoria do materialismo histórico, o futuro presidente da Sociedade de Historiadores Marxistas resumiu assim a concepção que norteava seu trabalho:

ARQUEOMARXISMO

Onde surge com mais clareza a dependência das relações econômicas é na organização política: (...) a cada regime econômico corresponde um regime político preciso. Tudo isto faz do materialismo histórico a hipótese mais fecunda que jamais teve à sua disposição a ciência histórica: dentre todas as interpretações possíveis das transformações históricas, o investigador tem o dever de atender acima de tudo à interpretação "econômica" (*idem*, p. 15).

Era por esta via que a posição de Pokrovsky aproximava-se certeiramente do positivismo. O materialismo econômico daria o estatuto de ciência à Historia, uma ciência que Pokrovsky não relutava em aproximar das ciências naturais e, particularmente, da biologia:

> Em resumo, não há fundamento racional algum para negar que a história da cultura seja uma das ciências naturais e uma ciência não tão atrasada como às vezes se supõe. À proporção que a interpretação materialista da história vai conquistando um número cada vez maior de adeptos, entre os especialistas, nossa ciência vai alcançando, mais e mais, sua mais próxima vizinha e antecessora, a biologia (*idem*, p. 19).

Trotsky respondeu às acusações destacando aquele que é o ponto central, a crítica ao economicismo: "Graças a uma louvável clareza na maneira de colocar as questões, Pokrovsky revela do melhor modo a inconsistência de uma explicação vulgarmente econômica da história que se faz passar, frequentemente, por marxismo" (Trotsky, 1950, t. II, p. 10). As causas da revolução não podiam ser procuradas nas mudanças conjunturais da economia. As bases sociais da revolução teriam se desenvolvido ao longo de um tempo estendido no qual a contradição entre o desenvolvimento das forças produtivas e as relações sociais se estabeleceria. Mas este tempo definiria uma época histórica e não uma situação, e menos ainda uma crise revolucionária.

Conclusão

Uma aguda sensibilidade para o tempo histórico caracteriza a obra de Trotsky. Ele próprio teve ilustres antecessores no Partido Social-Democrata Alemão, onde vários dirigentes exerceram a atividade de historiador. Dentre os mais conhecidos, August Bebel escreveu sobre a questão da mulher, investigando as origens históricas da opressão; Karl Kautsky pesquisou as origens do cristianismo; e Franz Mehring desenvolveu estudos sobre a história da Alemanha. Eram estas as primeiras tentativas de mobilizar o método do materialismo histórico procurando demonstrar sua capacidade explicativa.

Embora surpreendam pela erudição, nas obras de Bebel, Kautsky e Mehring o método de investigação assemelha-se à interpretação "econômica" advogada por Pokrovsky. Como foi visto acima, não é uma interpretação desse tipo o que se pode encontrar na *História da Revolução Russa* de Leon Trotsky. Sua análise dos acontecimentos de 1917 tem seu foco colocado sobre as relações de forças entre as classes e sobre as lutas que convulsionam essas relações. Com sua *História da Revolução Russa*, Trotsky permitia, assim, que o marxismo retornasse finalmente à tradição historiográfica inaugurada por Marx em *A luta de classes na França* e *O Dezoito Brumário de Luís Bonaparte* e assumisse o próprio presente como objeto da pesquisa histórica.

3

REVOLUÇÃO PERMANENTE E TRANSIÇÃO

REVOLUÇÃO PERMANENTE

INTRODUÇÃO

A análise de Leon Trotsky sobre o processo de constituição do capitalismo na Rússia foi elaborada de modo mais preciso com a teoria do desenvolvimento desigual e combinado em seu livro *História da Revolução Russa*.[1] Nessa obra, o capitalismo era entendido como uma totalidade que "prepara e, até certo ponto, realiza a universalidade e permanência na evolução da humanidade" (Trotsky, 1950, v. 1, p. 16). A universalização do capitalismo teria acelerado e escandido o tempo. As economias nacionais de países "atrasados", para usar a linguagem da época, integravam-se a um contexto dominado por um mercado mundializado e formas sociais pré-capitalistas passavam a conviver com formas tipicamente capitalistas.

O capitalismo chegava a galope. Recusando a teoria evolucionista das etapas históricas, Trotsky assim enunciou as consequências dessa aceleração histórica: "o privilégio de uma situação historicamente atrasada – esse privilégio existe – autoriza um povo, ou mais exatamente

---

[1] A rigor, Trotsky falará em duas leis, a do desenvolvimento desigual e a do desenvolvimento combinado, muita embora reconheça que a expressão utilizada possa não ser a mais adequada. Assim como Michel Löwy (1998), preferimos a expressão Teoria do Desenvolvimento Desigual e Combinado, que nos parece, neste caso, mais apropriada.

o força a assimilar as coisas antes do prazo previsto, saltando por cima de toda uma série de etapas intermediárias" (*idem*, p. 17).

Diferentes fases do processo histórico confundir-se-iam, assim, no interior de uma mesma formação social, atribuindo-lhe uma fisionomia própria. É claro, alerta Trotsky, que a capacidade de saltar essas fases nunca é absoluta. Ela "encontra-se condicionada em última instância pela capacidade de assimilação econômica e cultural do país" (*idem*). Vale lembrar que a importação da técnica ocidental durante o reinado de Pedro I produziu, na Rússia, um inusitado agravamento do regime servil como forma fundamental de organização do trabalho.

A discussão sobre a maturidade da Rússia para a revolução socialista, que havia caracterizado o marxismo legal de Struve e o menchevismo de Plekhanov, recebia uma resposta inovadora e extremamente poderosa: a maturidade para a revolução socialista não é definida pelo desenvolvimento nacional e sim pela inserção da Rússia na economia mundial. As condições objetivas para a revolução eram, assim, definidas externamente à Rússia: "as condições objetivas prévias de uma revolução socialista já foram criadas pelo desenvolvimento econômico dos países capitalistas avançados" (Trotsky, 1969, p. 450).

E relembrando a lei do desenvolvimento desigual, já enunciada por Lenin em sua obra *O desenvolvimento do capitalismo na Rússia*, Trotsky afirmou:

> Dessa lei do desenvolvimento desigual dos ritmos decorre outra lei, que, faltando um nome mais adequado, pode ser denominada de *lei do desenvolvimento combinado*, no sentido da aproximação das diferentes etapas e da combinação de diferentes fases, de amálgama de formas arcaicas e modernas (Trotsky, 1950, v. 1, p. 17).

A teoria do desenvolvimento desigual e combinado é, na verdade, uma teoria do desenvolvimento do capitalismo em sua fase imperialista. É importante relembrar, aqui, que ao contrário de Lenin, Nicolai Bukharin e Rosa Luxemburg, não havia em Trotsky uma obra econômica propriamente dita. Existia sim uma teoria do imperialismo, presente de maneira mais ou menos explícita em suas obras, mas não uma teoria econômica do imperialismo. Ou seja, não havia em Trotsky um "discurso econômico", muito embora existissem observações sobre a economia mundial em vários pontos de sua obra (Avenas, 1973, p. 34).[2]

A teoria do imperialismo que perpassava a obra do marxista russo era, ao mesmo tempo, econômica e política. Ela colocava em seu centro a contradição fundamental existente entre a nação-Estado e a internacionalização crescente das forças produtivas, transformando o mercado mundial em um elemento decisivo para a apreensão do imperialismo. Contradição esta que se manifesta, por um lado, nas contradições entre a lei do valor no mercado mundial e a regulamentação estatal da economia no interior das fronteiras nacionais e, por outro, naquelas que existem entre os países imperialistas e os países coloniais e semicoloniais (Mandel, 1995, p. 37 e ss.).

Há, portanto, uma dimensão política inerente ao conceito de imperialismo utilizado por Trotsky. Uma dimensão que é colocada pela aguda observação sobre as crescentes contradições econômicas, sociais e político-ideológicas próprias à época imperialista. Tais contradições ficam ainda mais evidentes nas soluções capitalistas à crise do capitalismo – a contrarrevolução e a guerra – e no lugar ocupado pelo Estado na regulação do capitalismo, lugar esse que já havia sido

---

2 A respeito da ausência de uma teoria econômica do imperialismo, ver Ernest Mandel (1995).

identificado por Trotsky, no caso russo, em 1905, por ocasião de suas análises da revolução daquele ano.

A teoria do desenvolvimento desigual e combinado permitiu a Trotsky pensar a unidade dialética existente entre economia e política situando-se, imediatamente, no nível da política e, mais especificamente, no nível da atualidade da revolução proletária.

Teoria da revolução e transição ao socialismo

O debate no começo do século XX sobre o caráter da revolução russa foi intenso no Partido Operário Social-Democrata Russo (POSDR) e tornou-se ainda mais agudo com o advento da revolução de 1905. Foi nele que Leon Trotsky esboçou tanto sua teoria do desenvolvimento desigual como a teoria da revolução permanente. Ao menos três posições divergentes coexistiam entre si no partido, divergindo a respeito do caráter da revolução e dos sujeitos sociais e políticos que estariam à sua frente.

A posição dos mencheviques, teorizada por Plekhanov, tinha como ponto de partida uma leitura estreita de O Capital, de Karl Marx, cuja teoria era transformada em uma filosofia da história que afirmava a necessidade de todos os países percorrerem o mesmo caminho histórico seguido pela Inglaterra. Para Plekhanov, a revolução que se aproximava seria uma revolução burguesa. Esse caráter seria determinado pelas próprias tarefas colocadas para a revolução e pelo papel dirigente que atribuíam à burguesia liberal na luta contra o anacrônico absolutismo russo. De acordo com Plekhanov, "o único objetivo não fantástico dos socialistas russos somente pode ser, atualmente, por um lado, a conquista de instituições políticas livres e, por outro, a elaboração dos elementos necessários à criação do futuro *partido socialista operário* da

Rússia" (Plekhanov, 1975, p. 96).[3] Trotsky resumiu essa concepção das seguinte maneira:

> a ideia menchevique da revolução, despojada de suas episódicas estratificações e desvios individuais, consistia no seguinte: a vitória da revolução burguesa na Rússia só era possível sob a direção da burguesia liberal e deve dar a esta última o poder. Depois, o regime democrático elevaria o proletariado russo, com um êxito muito maior que até então, ao nível de seus irmãos maiores ocidentais, pelo caminho da luta rumo ao socialismo(Trotsky, 1983a, p. 58).

Essa caracterização da burguesia liberal definia uma política de alianças na qual a burguesia liberal ocupava uma posição central. Plekhanov não se cansava de repetir:

> Sem assustar ninguém com o "fantasma vermelho", por enquanto ainda distante, tal programa político atrairia a nosso partido revolucionário a simpatia de todos os que não são inimigos sistemáticos da democracia; juntamente com os socialistas poderiam subscrevê-lo muitíssimos representantes de nosso liberalismo (Plekhanov, 1975, p. 96).[4]

A posição dos bolcheviques era outra. Ela encontra-se desenvolvida no texto de Lenin *Duas táticas da social-democracia na revolução democrática*. Desde o 3º Congresso do Partido Operário Social-Democrata Russo (POSDR), os bolcheviques defendiam a constituição de um governo provisório revolucionário, do qual o proletariado exigiria a

---

3 Uma exposição completa da posição dos mencheviques, com suas contradições internas, pode ser encontrada em John D. Basil (1983, p. 11-25).

4 De fato, Plekhanov chegou a atribuir a derrota da revolução de 1905 aos bolcheviques, que, com suas palavras-de-ordem, teriam assustado os liberais, levando-os a apoiar o governo do tsar (cf. Basil, 1983, p. 14).

realização de seu programa mínimo de reivindicações políticas e econômicas (LCW, v. 9, p. 24-25). Os bolcheviques consideravam que a revolução que deveria dar lugar a esse governo era uma revolução democrática, a qual não debilitará, "antes fortalecerá a dominação da burguesia, a qual tentará, inevitavelmente, em determinado momento, não se detendo diante de coisa alguma, arrebatar ao proletariado da Rússia o maior número possível das conquistas do período revolucionário" (*idem*).

A análise da realidade social russa que sustentava esse programa assentava-se em uma leitura que em vários sentidos aproximava-se daquela do marxismo legal ou mesma da de Rozhkov descrita anteriormente. Polemizando certamente com Trotsky, Lenin protestava contra o que chamava de "absurdas ideias semianarquistas sobre a realização imediata do programa máximo, sobre a conquista do poder para levar a cabo a revolução socialista". Segundo Lenin, o "grau de desenvolvimento econômico da Rússia (condição objetiva) e o grau de consciência e de organização das massas do proletariado (condição subjetiva indissoluvelmente ligada à objetiva) tornam impossível a libertação imediata e completa da classe operária" (*idem*, p. 28).

Apesar de definir a revolução como burguesa pelas tarefas que a ela estavam colocadas, Lenin descartava toda aliança com a burguesia liberal. Ao contrário dos mencheviques, que caminhavam ao lado da burguesia liberal e monárquica, dizia Lenin, os bolcheviques lutavam ao lado da burguesia revolucionária e republicana sem confundir-se com ela. Mas era na pequena burguesia que o proletariado deveria procurar seus aliados e, particularmente, entre os camponeses: "podemos identificar a democracia revolucionária e republicana com a massa do campesinato", escrevia Lenin (*idem*, p. 47). Desse modo, a revolução burguesa e democrática na Rússia seria tal que nela predominariam "os elementos camponeses e proletários". Dessa análise depreendia-se o programa da própria revolução, o qual, segundo Lenin, tomaria corpo na "ditadura democrática revolucionária do proletariado e do campesinato":

> a única força capaz de obter a "vitória decisiva sobre o zairismo" só pode ser o povo, isto é, o proletariado e o campesinato, tomando as grandes forças fundamentais e distribuindo a pequena burguesia rural e urbana (também "povo") entre uma e outra. *"A vitória decisiva sobre o zarismo" é a ditadura democrática revolucionária do proletariado e do campesinato* (*idem*, p. 56).

O problema fundamental da revolução burguesa na Rússia atrasada era o da questão agrária. À política de alianças defendida por Plekhanov, Lenin contrapunha a aliança do proletariado com o campesinato e afirmava que somente uma ditadura destas duas classes, com os operários sob a direção do Partido Bolchevique, daria condições para a revolução cumprir as tarefas que para ela estavam colocadas. Essa ditadura seria não uma ditadura socialista, mas uma ditadura *democrática*. Evidentemente que uma ditadura com tal caráter poderia ser hegemonizada pelo campesinato, a classe mais numerosa de então.

A posição de Trotsky distinguia-se fortemente das precedentes. Seu ponto de partida era uma ruptura com as leituras lineares da história assentadas em uma interpretação estreita de *O Capital*. Destacando a possibilidade de a Rússia saltar etapas do desenvolvimento e passar diretamente para uma revolução socialista sem a necessidade de uma prévia revolução burguesa, Trotsky procurava desenhar uma estratégia política que explodia a linearidade e homogeneidade do tempo histórico. Essa estratégia foi elaborada a partir do entroncamento da já citada análise do desenvolvimento do capitalismo na Rússia com a experiência da própria revolução de 1905 e daquilo que ela havia aportado de novo à história das revoluções: a universalização da greve geral como arma privilegiada da luta operária e a construção de organismos de poder operário denominados *soviets*.

Assim como a derrota das revoluções de 1848 havia mostrado a Marx e Engels que a burguesia havia abandonado o caminho da revolução, os acontecimentos de 1905 serviram para mostrar, na Rússia, os fortes vínculos existentes entre a burguesia e o regime autocrático. A luta pela democracia na Rússia teria, inevitavelmente, que ser feita contra a burguesia e não por ela; deveria, afirmava Trotsky, conduzir o proletariado ao poder. A realização das tarefas democráticas pela ditadura do proletariado colocaria na ordem do dia tarefas socialistas.

Tome-se o caso da jornada de trabalho de oito horas, reivindicação que, em si, não era contraditória com a existência do capitalismo. Mas num quadro revolucionário a coisa muda de figura. A jornada de oito horas encontraria a resistência organizada dos capitalistas e enfrentaria, até mesmo, o *lock out* patronal e demissões ou ameaças de demissões em massa. O que faria, nessa situação, um governo operário? Não restaria outra saída que a expropriação das fábricas fechadas ou daquelas que demitissem e a organização da produção pelos trabalhadores. A concretização de uma reivindicação mínima dos trabalhadores pelo governo operário conduziria, assim, à expropriação da burguesia.

A social-democracia russa não poderia governar, concluiu Trotsky, prometendo aos trabalhadores não abrir mão de seu programa mínimo e, ao mesmo tempo, prometendo à burguesia não ultrapassá-lo. Na ditadura do proletariado, a diferença entre o programa mínimo e o máximo se esfumaria. Só seria possível realizar o programa mínimo enfrentando o capital. Revolução democrática e revolução socialista formam assim uma unidade, a unidade da *revolução ininterrupta*, que entrelaçava a liquidação do absolutismo e do sistema de servidão civil com a revolução socialista através de uma série de conflitos sociais em agudização paulatina, através do surgimento de novas camadas sociais entre as massas e de contínuos ataques do proletariado aos privilégios econômicos e políticos das classes dominantes (Trotsky, 1971, v. 2, p. 187).

A teoria da revolução permanente em sua formulação de 1905 pode ser resumida como se segue:

a vitória completa da revolução democrática na Rússia somente pode ser concebida na forma de ditadura do proletariado seguido pelos camponeses. A ditadura do proletariado, que inevitavelmente colocaria sobre a mesa não somente tarefas democráticas, como também socialistas, daria, ao mesmo tempo, um impulso vigoroso à revolução socialista internacional. Somente a vitória do proletariado do Ocidente poderia proteger a Rússia da restauração burguesa, dando-lhe a garantia de completar a implantação do socialismo (Trotsky, 1983a, p. 59).

De uma forma sintética pode-se notar que as três concepções, que se desenhavam em 1905, atribuíam tarefas, sujeitos sociais e sujeitos políticos diferentes para a revolução russa. Os mencheviques falavam de uma revolução com tarefas democráticas, dirigida pela burguesia; os bolcheviques atribuíam a ela um caráter também democrático, mas afirmavam que o papel dirigente cabia aos operários e camponeses e ao partido revolucionário papel de sujeito político; e Trotsky afirmava a atualidade da revolução socialista, com o proletariado à sua frente, mas considerava que esta teria um caráter espontâneo. Tem-se então, em 1905, o seguinte quadro:

	Tarefas	Sujeito político	Sujeito social
Trotsky	Democráticas e socialistas	—	Proletariado
Mencheviques	Democráticas	—	Burguesia
Bolcheviques	Democrática	Partido revolucionário	Operários e camponeses

Embora as tarefas da Revolução Russa e seu sujeito social estivessem claramente definidos no pensamento de Trotsky desde aquela época, foi só em 1917 que acrescentou à sua teoria o papel dirigente do partido, ou seja, foi só aí que ele definiu o sujeito político de tal transformação social. Tem-se, então, uma segunda formulação da teoria da revolução permanente. Tal formulação ganhou corpo com a adesão de Trotsky e da *Organização Interdistrital (Mezharaionka)* ao Partido Bolchevique e se transformou em letra no livro *Lições de Outubro*, escrito em 1924 (Trotsky, 1972).[5]

O encontro de Trotsky com o bolchevismo não resultou apenas de sua compreensão da questão da organização política como também foi possibilitado pela vitória de Lenin na conferência partidária de abril de 1917. Nas teses que apresentou à conferência, este abandonou a ideia de uma revolução democrática na Rússia e afirmou o caráter socialista da revolução, opondo-se a um grande número de velhos bolcheviques, entre os quais Kamenev e Zinoviev. O giro promovido por Lenin no interior do Partido Bolchevique deu a Trotsky a certeza

---

5 Escrito à época da aguda luta política no interior do Partido Bolchevique após a morte de Lenin, este pequeno livro recebeu um ataque frontal de Stalin, Zinoviev, Kamenev e Bukharin.

ARQUEOMARXISMO

de que não havia mais razões para continuarem a caminhar separados pela mesma trilha.[6]

Chama a atenção que Trotsky, mesmo depois de 1917 e particularmente na obra *Lições de Outubro*, não procurou generalizar a teoria da revolução permanente. Foi somente em fins de 1929, já no seu exílio, que ele afirmou que tal teoria deveria ser apresentada "em ligação com o caráter, os laços internos e os métodos da evolução internacional em geral" e, mais especificamente, "para os países de desenvolvimento burguês retardatário (...) coloniais e semicoloniais" (Trotsky, 1970, p. 228). Universalizada de tal forma, a teoria da revolução permanente aparecia em sua terceira versão.

Foi a revolução chinesa de 1927 e a política da Internacional Comunista stalinizada o que levou Trotsky a debruçar-se de novo sobre tal teoria. Para Mandel, a demora de Trotsky em generalizar sua teoria se deveu entre outras razões à oposição que a ela manifestavam seus aliados da Oposição Unificada (Zinoviev e Kamenev), mas também à resistência demonstrada por alguns membros da Oposição de Esquerda (Karl Radek e Evgeni Preobrazhenski). A dimensão do processo revolucionário na China fez com que abandonasse sua atitude

---

6 Os mencheviques, por sua vez, não alteraram substancialmente sua posição original, muito embora aceitassem, em meio à crise do governo provisório, partilhar com os liberais a direção do Estado a partir de maio de 1917, quando o menchevique georgiano Iraklli Tsereteli assumiu o posto de ministro dos Correios e Telégrafos. Sobre as *Teses de Abril* e a adesão de Trotsky ao bolchevismo ver Pierre Broué (1973, p. 116-126). Em sua "Carta ao Instituto Histórico do Partido" Trotsky protestou contra a falsificação da história da insurreição de Outubro e citou um grande número de documentos que davam conta de sua relação com o bolchevismo no decorrer do ano de 1917 (Trotsky, 1979, p. 1-66). Referência fundamental é, também, Isaac Deutscher (1984, em especial o capítulo 9).

72 ALVARO BIANCHI

diplomática e encarasse frontalmente o problema, mesmo à custa de perder aliados.[7]

Era dessa época a troca de correspondência entre Trotsky e Preobrazhenski sobre os problemas da revolução chinesa. Nestas cartas, Trotsky travou viva polêmica sobre a natureza social da revolução chinesa e a política de alianças levada a cabo pelo Partido Comunista Chinês. Discordando tanto da Internacional Comunista como de seu camarada da Oposição, Trotsky rejeitava a bandeira de "ditadura democrática" e afirmava a necessidade do proletariado conquistar o poder sob a direção do Partido Comunista Chinês.[8]

A versão mais acabada dessa formulação da teoria apareceu em *A revolução permanente*, obra concluída em novembro de 1929. Como seria de se esperar, longas páginas são dedicadas à revolução chinesa. Mas o que para os atuais vale a pena destacar são os três aspectos da teoria da revolução permanente, explicitados no capítulo introdutório de tal obra (Trotsky, 1970, p. 42-44):

---

7 Trotsky chegou a comparar a derrota da revolução chinesa com a derrota alemã de 1923 (cf. Trotsky, 1983, p. 254).

8 Necessidade que não era definida pela conjuntura e sim pelo longo processo de desenvolvimento do capitalismo na China. Isso quer dizer que Trotsky não exigia a imediata conquista do poder e sim que a classe operária e o Partido Comunista Chinês lutassem por ele. O stalinismo procurou ao longo do tempo qualificar a teoria da revolução permanente como uma aventura, o que Trotsky insistentemente desmentiu, como na seguinte citação: "Entende-se, evidentemente, que de forma nenhuma trata-se de convocar o Partido Comunista Chinês a fazer uma insurreição imediata pela tomada do poder. O ritmo depende inteiramente das circunstâncias. A tarefa consiste em garantir que o Partido Comunista esteja impregnado complemente da convicção de que a terceira revolução chinesa pode chegar a um final vitorioso somente através da ditadura do proletariado sob a direção do Partido Comunista" (Trotsky, 1983, p. 270).

1) O cumprimento das tarefas democráticas nos países burgueses atrasados conduz, diretamente, à ditadura do proletariado, que coloca as tarefas socialistas na ordem do dia. Tornava-se, assim, permanente o processo revolucionário que ia da revolução democrática à transformação socialista da sociedade.

2) O caráter internacional da revolução socialista é o resultado do estado da economia e da estrutura social do planeta. O internacionalismo, longe de ser um princípio abstrato é o reflexo teórico e político

> do caráter mundial da economia, do desenvolvimento mundial das forças produtivas e do ímpeto mundial da luta de classes. A revolução socialista começa no âmbito nacional, mas nele não pode permanecer. A revolução proletária não pode ser mantida em limites nacionais senão sob a forma de um regime transitório, mesmo que este dure muito tempo, como demonstra o exemplo da União Soviética. No caso de existir uma ditadura proletária isolada, as contradições internas e externas aumentam inevitavelmente e ao mesmo passo que os êxitos. Se o Estado proletário continuar isolado, ele, ao cabo, sucumbirá vítima dessas contradições. (...) A revolução internacional, a despeito de seus recuos e refluxos provisórios, representa um processo permanente (*idem*, p. 43-44).

3) A conquista do poder é apenas o início de um longo processo no qual

> todas as relações sociais se transformam no transcurso de uma luta interior contínua. (...) Os acontecimentos que se desenrolam guardam necessariamente caráter político, dado que assumem a forma de choques entre os diferentes grupos da sociedade em transformação. As explosões da guerra civil e das guerras externas se alternam com os períodos de reformas "pacíficas". As profundas

transformações na economia, na técnica, na ciência, na família, nos hábitos e nos costumes, completando-se, formam combinações e relações recíprocas de tal modo complexas que a sociedade não pode chegar a um estado de equilíbrio. Nisto se revela o caráter permanente da própria revolução socialista (*idem*, p. 43).

Nessa formulação, apresentada no texto de 1929, a teoria da revolução permanente era, ao mesmo tempo, uma teoria da revolução e uma teoria da transição ao socialismo baseada na ininterrupta transformação das relações sociais. Este aspecto, o terceiro em nossa enumeração, tem, com bastante frequência, escapado à atenção dos comentaristas, o que tem impedido não só de compreender o alcance dessa teoria, como tem produzido uma dissociação entre ela e a discussão sobre a natureza social da União Soviética.[9]

Tal desatenção é totalmente injustificada. Trotsky é claro ao afirmar a dimensão internacional da construção do socialismo, rejeitando a teoria do socialismo em um só país. Mas não é menos claro ao colocar a necessidade de transformação contínua das relações sociais, de todas as relações sociais. Se isso não estivesse claro no texto, ainda haveria seu esforço, durante os anos chaves da guerra civil, em discutir os problemas da cultura e da vida cotidiana na Revolução Russa (ver, por exemplo, Trotsky, 1978).

Sobre a natureza social da União Soviética

Para compreender a apreciação de Trotsky sobre a natureza social da União Soviética é preciso tomar como ponto de partida a teoria da

---

9 É este o caso de Knei-Paz (1985), que vê na teoria da revolução permanente uma teoria da "revolução do atraso".

ARQUEOMARXISMO 75

revolução permanente. Entre as maiores realizações da revolução de outubro de 1917 na Rússia está, sem dúvida, a expropriação da grande burguesia. A fração stalinista, já a partir de meados da década de 1920, identificou essa expropriação com o advento do socialismo. Com isso, afirmava a possibilidade de construção do socialismo em um só país.

Trotsky combateu até o fim de sua vida essa identidade, afirmando que a expropriação não era suficiente para definir como socialista a natureza social da Rússia. Para Trotsky, "a transformação das formas de propriedade, não soluciona a questão do socialismo, apenas a coloca" (Trotsky, 1991, p. 24). Ou seja, a transformação das relações de propriedade representava apenas o primeiro passo da transição ao socialismo. Para tornar-se social, a propriedade privada tinha que passar inevitavelmente pela estatização, afirmava Trotsky. Mas a condição necessária não era suficiente. A propriedade só se tornaria de todo o "povo", ou seja, só seria plenamente socializada, quando desaparecessem os privilégios e as distinções sociais. E afirmando a necessidade de transformar profundamente as relações sociais, ou seja, a necessidade da permanente revolução (da revolução permanente) dessas relações escreveu:

> A passagem das fábricas para o Estado mudou a situação do operário apenas juridicamente. Na realidade, ele é compelido a viver necessitando trabalhar certo número de horas por um dado salário. As esperanças que teve outrora o operário no partido e nos sindicatos transportou-as, após a revolução, para o Estado criado por ela. Mas o funcionamento útil deste Estado foi limitado pelo nível técnico e cultural. Para melhorar este nível, o novo Estado recorreu aos velhos métodos de pressão sobre os músculos e os nervos do trabalhador. Formou-se todo um corpo de estímulos. A gestão da indústria

se tornou extremamente burocrática. Os operários perderam toda a influência sobre a direção das fábricas. Com o pagamento por peça, as duras condições de existência material, a ausência de liberdade para se deslocar, com a terrível repressão policial penetrando a vida de cada fábrica, o operário dificilmente se poderá sentir um "trabalhador livre". Na burocracia ele vê um chefe, no Estado um patrão. O trabalho livre é incompatível com a existência de um Estado burocrático (*idem*, p. 205).

A revolução russa, portanto, longe de realizar o socialismo, não fez senão inaugurar uma fase de transição entre o capitalismo e o socialismo.[10] Para Trotsky, após a revolução as tendências socialistas e capitalistas continuam a se enfrentar no interior da sociedade russa após a vitória da revolução e de maneira ainda mais intensa após a morte de Lenin.[11] Essa fase transitória só poderia ser completada com a vitória da revolução socialista em escala mundial. O mercado capitalista mundial criava entraves econômicos e estimulava forças políticas de tal monta que transformavam aquele setor do mundo no qual a burguesia foi expropriada em uma fortaleza sitiada que não poderia resistir enquanto tal. Romper o sítio era a condição para a sua sobrevivência.

---

10 "É, pois, bastante mais exato chamar o atual regime soviético, em toda a sua contraditoriedade, não socialista mas um regime transicional preparatório entre o capitalismo e o socialismo" (*idem*, p. 41).

11 "O capítulo da Revolução de Outubro posterior à morte de Lenin caracteriza-se tanto pelo desenvolvimento das forças socialistas quanto pelo das forças capitalistas da economia soviética" (Trotsky, 1979, p. XII-XIII). Um daqueles muros que as correntes antistalinistas construíram separando-se entre si é responsável pela equivocada afirmação de que em *A revolução traída*, Trotsky teria afirmado o caráter socialista da economia soviética.

A inserção da Rússia no mercado mundial havia, na análise de Trotsky, permitido à nação saltar etapas e realizar a primeira revolução socialista vitoriosa da história. Mas o fato de ter chegado primeiro à revolução não significava que a Rússia fosse o primeiro país a atingir o socialismo, o que teria como pressuposto o fim da coerção do mercado mundial e da divisão internacional do trabalho criada pelo capitalismo.

A derrota da revolução no Ocidente (Alemanha e Hungria) e no Oriente (China) isolou a revolução russa, adiando a possibilidade de superação definitiva do capitalismo. A fração stalinista transformou esse fato em teoria, afirmando a possibilidade de construção do socialismo em um só país. Não foi, entretanto, original. Em sua luta com a fração stalinista, Trotsky relembrou que foi Georg von Vollmar, um dos líderes da ala revisionista da social-democracia alemã, um dos primeiros a pensar um "Estado socialista isolado" (Trotsky, 1973, p. 106 e ss.).

Para Vollmar, uma Alemanha socialista manteria relações econômicas frequentes com a economia capitalista mundial. Uma técnica mais desenvolvida e baixos custos de produção dariam a Alemanha uma superioridade incontestável no mercado mundial. O socialismo poderia, assim, ser vitorioso através do mercado, pela intervenção dos preços baixos, dispensando a revolução socialista. A conclusão de Trotsky foi profética: a teoria do socialismo em um Estado isolado "baseia-se na perspectiva da *coexistência pacífica* dos sistemas socialista e capitalista" (*idem*, p. 107). Perspectiva essa que foi compartilhada pela fração stalinista.

Foi contra essa coexistência pacífica que Trotsky lutou. Ele via na revolução mundial a única tábua de salvação para a sociedade soviética. Era a possibilidade que ela tinha de romper o isolamento e avançar na construção do socialismo. No pensamento de Trotsky a construção do socialismo estava subordinada à revolução mundial. A política ocupava nesse processo uma posição central. Tomando como dadas as condições objetivas, ou seja, as bases materiais dessa construção, era à política que caberia acelerar o tempo histórico e viabilizar a transição. É por essa razão que, ao descrever longamente a sociedade soviética, em uma conhecida passagem de *A revolução traída*, Trotsky terminou apostando suas fichas na revolução mundial. Ou seja, a vitória do capitalismo ou do socialismo no interior da sociedade soviética era definida externamente pelo avanço ou retrocesso da relação, mundialmente definida, de forças entre as classes. Veja-se a conhecida citação para verificar como Trotsky colocou o problema:

> A União Soviética é uma sociedade contraditória a meio caminho entre o capitalismo e o socialismo, na qual: a) as forças produtivas estão longe de ser suficientes para conferir à propriedade de Estado um caráter socialista; b) a propensão para a acumulação primitiva, nascida da necessidade manifesta-se através dos inúmeros poros da economia planificada; c) as normas de repartição preservam um caráter burguês sobre a base de uma nova diferenciação social; d) o crescimento econômico, melhorando lentamente a condição dos trabalhadores, contribui para a rápida formação de uma camada de privilegiados; e) a burocracia, explorando os antagonismos sociais, tornou-se uma casta incontrolável, estranha ao socialismo; f) a revolução social, traída pelo partido governante, vive ainda nas relações de propriedade e na consciência dos trabalhadores; g) *a evolução das contradições acumuladas pode conduzir ao socialismo ou fazer recuar a sociedade para o capitalismo; h) a contrarrevolução em marcha para o capitalismo deverá quebrar a resistência dos operários; i) os operários, dirigindo-se para o socialismo, deverão derrubar a burocracia. Neste caso, a questão será*

ARQUEOMARXISMO

decidida através da luta das forças vivas na arena nacional e internacional (Trotsky, 1991, p. 216, grifos meus).

A exposição das contradições realizada nessas linhas evidenciava um dilema histórico: as forças do capitalismo e do socialismo encontravam-se em choque na sociedade soviética, e para este último vencer era necessário derrotar a burocracia que governava em nome do socialismo. Mas a solução do dilema não se encontrava exclusivamente na União Soviética. Trotsky retomou esse tema no último parágrafo do livro *A revolução traída*, deixando a solução ainda mais clara: "Mais do que nunca, os destinos da Revolução de Outubro estão hoje ligados aos destinos da Europa e do mundo. Os problemas da União Soviética se resolvem na península espanhola, na França e na Bélgica" (*idem*, p. 247).

Trotsky tinha em mente os acontecimentos do ano de 1936 quando escreveu essas linhas. Na Espanha, a guerra civil começou nesse ano e uma impressionante radicalização política teve lugar nesse país. Na França, os trabalhadores realizaram uma greve geral que obteve uma importante vitória e inspirou na Bélgica uma mobilização espontânea que parou os portuários de Anvers em 2 de junho e se transformou nas semanas seguintes na maior greve geral da história desse país. A solução que Trotsky apresentava para o dilema do socialismo na União Soviética estava sustentada em uma fina análise da realidade. A ascensão do nazismo ao poder na Alemanha não havia até então invertido a relação de forças na Europa e importantes combates tinham lugar.

Esses combates tinham lugar, também, na União Soviética. A centralidade da política na arena mundial era afirmada também na análise que Trotsky realizava das tarefas da construção do socialismo. Para o marxista russo, as novas relações de propriedade estabelecidas pela revolução estavam vinculadas indissoluvelmente ao caráter do Estado.

O predomínio de tendências socialistas estaria assim assegurado não por um desenvolvimento automático da economia e sim pelo poder político da ditadura do proletariado. "O caráter da economia, como um todo, depende, pois, do caráter do poder estatal", concluiu Trotsky (1991, p. 212). E contrariando os argumentos economicistas próprios do marxismo vulgar definiu a política como o fator decisivo da economia soviética: "A política é a economia concentrada. Na presente etapa, a questão econômica da República Soviética resolve-se mais do que nunca do ponto de vista da política" (Trotsky, 1979, p. XIV). A ênfase que Trotsky deu na discussão sobre a natureza da sociedade soviética à definição do caráter do Estado não era, portanto, arbitrária. Ela procurava colocar o problema tal qual ele se apresentava para a ação revolucionária, definindo a política da Oposição de Esquerda, primeiro, e da Quarta Internacional, depois, frente a esse Estado.

4

O RETORNO DO ANTITROTSKISMO

Em seu artigo intitulado "Apontamentos sobre Trotsky: o mito e a realidade", Miguel Urbano Rodrigues (2008) resmunga inconformado sobre um suposto paradoxo: ninguém hoje fala de Mikhail Gorbachev, mas "Trotsky continua a ser um tema que fascina muitos intelectuais da burguesia, alguns progressistas, e dezenas de organizações trotskistas na Europa e sobretudo na América Latina".[1] Admirado com esse "paradoxo" o articulista interroga-se: por que essa sobrevivência de algumas teses do trotskismo no debate contemporâneo se contraditoriamente os partidos e movimentos trotskistas não são uma "força política com influência real no rumo de qualquer país"?

O "paradoxo" anunciado por Urbano Rodrigues é, evidentemente, artificial. O que tem a ver Gorbachov com Trotsky? Acaso o primeiro era um partidário, simpatizante ou mero admirador do segundo? Acaso as ideias de ambos eram similares em algum ponto? E quais são os tais "intelectuais da burguesia" fascinados por Trotsky? Em que "grandes universidades do Ocidente" eles estão? Que livros publicaram? Que artigos escreveram? Talvez o jornalista esteja fazendo

---

1 Urbano Rodrigues é um veterano jornalista que durante seu exílio no Brasil trabalhou no jornal *O Estado de S. Paulo* e na revista *Visão*. É também conhecido comunista e ocupou a frente do jornal *Avante!* após a Revolução dos Cravos, além de ter sido deputado na década de 1990 em Portugal.

referência ao monumental estudo de E. H. Carr (1950-1953) sobre a revolução bolchevique. Carr não era marxista e, em alguns pontos de sua narrativa, parece concordar com as posições de Trotsky, embora deixe claras suas inúmeras críticas. Mas afirmar que ele se encontrava fascinado pela vida e obra do revolucionário russo é no mínimo um exagero. Além do mais, infelizmente, Carr morreu há mais de 25 anos. Será que o espectro de sua enciclopédica pesquisa ainda assombra Urbano Rodrigues?

O suposto paradoxo apontado por Urbano Rodrigues parece encontrar apoio na identificação feita por ele entre antistalinismo e anticomunismo. Mas não há razão nenhuma para estabelecer tal identidade a não ser que o comunismo seja identificado com o stalinismo. Esse parece ser o ponto. Apegado a velhas ideias que há muito foram submetidas à critica devastadora, o jornalista identifica o programa do comunismo e seu projeto de emancipação com seu oposto, o stalinismo e o regime que ele instaurou na União Soviética. A simpatia do jornalista por Stalin é assumida e em vários momentos se expressa apologeticamente. Protestando contra a satanização de Stalin, o jornalista escreveu:

> Sem a sua [de Stalin] acção à frente do Partido e do Estado, a URSS não teria sobrevivido à agressão bárbara do Reich nazi, sem ela a pátria de Lenine não se teria transformado em poucas décadas na segunda potência mundial, impulsionando um internacionalismo que apressou a descolonização, incentivou e defendeu revoluções no Terceiro Mundo e estimulou poderosamente a luta dos trabalhadores nos países desenvolvidos do Ocidente (Rodrigues, 2008).

Não deixa de ser chocante que antes de ousar escrever sua engajada defesa do secretário-geral, Urbano Rodrigues apresente como uma façanha o fato de ter "sido dos primeiros comunistas portugueses a criticar o dogmatismo subjectivista de Stáline num livro apreendido pela ditadura brasileira" (*idem*). Chocante não é o fato de ele achar que a crítica ao "dogmatismo subjetivista" vá ao âmago do fenômeno stalinista e sim o fato dessa crítica superficial ter sido feita "em 1968", ou seja, doze anos depois do relatório Khrushchev e das referências aos "excessos" Stalin terem se tornado frequentes até mesmo na imprensa comunista internacional! O fato de Urbano Rodrigues estar no Brasil quando de sua façanha torna ainda mais chocante essa "crítica". No final dos anos 1950 e início dos anos 1960 a crítica ao stalinismo era corrente em diversas tendências da esquerda brasileira, não apenas trotskistas. Também no interior do Partido Comunista Brasileiro, organização que sempre se manteve fiel às diretrizes da União Soviética, esse era um tema frequente. A façanha de estar ao menos doze anos atrás inocenta Urbano Rodrigues do quê?

Mas a crítica de Urbano Rodrigues a Stalin, mesmo atrasada, estava longe de ser profunda. Ela limitava-se à "sua postura perante o marxismo e a condenação dos seus métodos e crimes". Mas Stalin permanecia para o jornalista como "um revolucionário cuja contribuição para a transição do capitalismo para o socialismo na União Soviética foi decisiva" (*idem*). O programa político do stalinismo permaneceria, assim, válido. Necessário seria, então, corrigir os excessos e mudar a "postura perante o marxismo". Nos anos 1960 era essa a versão esclarecida do stalinismo. Hoje, quando a maior parte dos partidos comunistas definha perdendo peso social e relevância política, essa é sua versão senil.

Evidentemente, não são os "intelectuais da burguesia" os que incomodam Urbano Rodrigues e sim as "dezenas de organizações trotskistas na Europa e sobretudo na América Latina". É significativo que esse novo ataque ao trotskismo ocorra justamente quando essas organizações revelam uma forte tendência ao crescimento e à expansão, tendência simetricamente oposta à apresentada pelos antigos partidos comunistas.

VELHOS E VELHÍSSIMOS ARGUMENTOS

É verdade que a demonização não contribuiu para a compreensão do fenômeno staliniano. Embora estivesse carregada de um juízo muito rigoroso sobre a personalidade do secretário-geral, a crítica de Trotsky à burocracia soviética contribuiu de modo decisivo para uma visão política e social do fenômeno stalinista e do próprio Stalin, que se afastava de toda tentativa de moralização e satanização. Para Trotsky, o "stalinismo é, acima de tudo, o trabalho automático de um aparelho sem personalidade no declínio da revolução" (Trotsky, 1953, p. 592). E em outra oportunidade escreveu de modo lapidar: "Stalin não é uma personalidade: ele é a personificação da burocracia" (Trotsky, 1986, p. 214). A burocracia soviética encontrou em Stalin sua encarnação, assim como após sua morte achou seus sucedâneos. Por outro lado, o stalinismo sempre foi, para Trotsky, não a encarnação do mal, mas um programa político consubstanciado nas teorias do socialismo em um só país e da revolução por etapas. Por essa razão, não é impróprio falar de stalinismo ou de partidos stalinistas após o relatório Khrushchev, quando os crimes de Stalin e o culto à personalidade foram denunciados mas seu programa político preservado.

Para tornar mais preciso esse conceito do stalinismo é necessário acrescentar que ele se define, também, pela simples negação – teórica, política e, em seus momentos, física – de seu antagonista. O stalinismo

ARQUEOMARXISMO

é, também, um antitrotskismo. Assim como o stalinismo reciclou-se, também o antitrotskismo o fez. Nos infames Processos de Moscou, Trotsky foi acusado de ser agente da Gestapo e liderar movimentos de sabotagem ao Estado soviético. Para Urbano Rodrigues, "esse tipo de calúnias é tão absurdo, como expressão de um ódio irracional, como o esforço realizado por escritores anticomunistas e alguns governos para criminalizarem o comunismo como sistema comparável ao fascismo" (2008). E tem razão.

Para além dos insultos e grotescas acusações, uma parte do arsenal do antitrotskismo consistiu no uso de passagens dos escritos de Lenin nos quais o dirigente do Exército Vermelho era alvo da crítica. Mais tarde essas passagens foram reunidas em coletâneas (cf. p. ex. Lenin, s.d.). Isso, entretanto, foi insuficiente, e prontamente se revelou necessário reescrever toda a história da revolução russa, operação que encontrou sua forma mais acabada na *História do Partido Comunista da União Soviética (bolchevique)*, publicada em 1938. A autoria desse livro de "história" era atribuída a uma comissão nomeada pelo Comitê Central, mas dez anos depois um artigo publicado na imprensa soviética reconheceu a verdadeira autoria a Stalin (Central Comitte of the C.P.S.U.(b), 1939).[2]

Exceto por alguns renitentes arquistalinistas, o antitrotskismo depurou seus aspectos mais grotescos e procurou apresentar-se de modo mais sofisticado após a morte de Stalin.[3] Sua intensidade, entretanto,

---

2   Para os antecedentes desse livro, bem como para a questão de sua autoria, ver Raymond Garthoff (1952).

3   O arquistalinismo ainda persiste. Em uma bizarra biografia de Stalin na qual seu autor procura construir uma aparência de cientificidade citando alguns estudos pouco conhecidos, ao mesmo tempo em que trunca e descontextualiza as citações de praxe,

88 ALVARO BIANCHI

paradoxalmente aumentou, dando lugar a uma verdadeira "síndrome antitrotskista", nas palavras do historiador Gabriel García Higueras. A partir de meados dos anos 1960, respondendo, evidentemente, ao crescimento do movimento trotskista, novos textos foram publicados. Robert McNeal listou 29 livros contra Trotsky e o trotskismo publicados pela União Soviética entre 1965 e 1975, e García Higueras enumerou dez traduções para o espanhol desses trabalhos (McNeal, 1977 e García Higueras, 2005, p. 228). Dentre essa literatura se destacou o incansável Mikhail Basmanov (1975, 1975a, 1977 e 1986), além do não menos cansativo Leo Figuères (1974). Os maoístas deram sua esquizofrênica contribuição. Enquanto na França Kostas Mavrakis (1971) se esforçava para comprovar que sua crítica a Trotsky se distanciava da grosseira representação staliniana, em Pequim, onde não eram dados a tergiversar, dispensavam intermediários e publicavam uma alentada coletânea de textos de Stalin contra Trotsky e as oposições (Stalin, 1974).[4] Nesse período surgiu também uma nova variante do antitrotskismo, a liberal e, mais recentemente, outra pós-soviética.[5]

é afirmado: "Com efeito, em 1936, estava evidente para qualquer pessoa, analisando lucidamente a luta de classes no nível internacional, que Trotsky tinha degenerado a ponto de se tornar um joguete das forças anticomunistas de todo gênero". O mesmo biógrafo justifica os processos contra Piatakov afirmando que ele "tinha utilizado em grande escala especialistas burgueses para sabotar as minas". A acusação é ridícula, mas o autor a torna mais grave, uma vez que a atribui aos trotskistas, sem mencionar que no início da década de 1930 Piatakov havia rompido com Trotsky (Martens, 2003, p. 178 e 185).

4   Alguns desses textos de Stalin foram republicados logo a seguir em Portugal (Stalin, 1975 e 1976).

5   A vertente liberal pode ser ilustrada por Joel Carmichael (1975). A vertente pós-soviética é representada, dentre outros, por Dmitrii Antonovich Volkogonov (1996), Ian D.

ARQUEOMARXISMO

Muito embora parte dessa bibliografia tenha eliminado as características mais brutais desse tipo de literatura, o antitrotskismo manteve ao longo do tempo alguns argumentos reiterados à exaustão. Não acrescentou novos e esclarecedores documentos, nem interpretações originais. Também não reagiu à publicação dos alentados estudos de E. H. Carr e de Isaac Deutscher, limitando-se a contrapor aos novos documentos e argumentos simplesmente aquilo que estes desmentiam. Grosso modo, essa literatura não foi além daquilo que já estava na *História do Partido Comunista da União Soviética (bolchevique)*, depurando, em suas melhores versões, seus excessos.

Urbano Rodrigues dá mais uma volta nesse parafuso. Seu artigo é um pequeno manual do antitrotskismo. Não acrescentou nada de novo ao debate, reprisou temas e argumentos e, conforme será demonstrado a seguir, reproduziu de modo acrítico a contestada versão da historiografia staliniana. O argumento central do jornalista é muito simples: Trotsky e Lenin discordaram em várias oportunidades e polemizaram de modo muito duro.[6] Mas o que há de novo em afirmar que a posição de ambos era diferente na conferência de Zimmerwald,

---

Thatcher (2003) e Geoffrey Swain (2006). Embora Urbano Rodrigues goste de inventar paradoxos, não se deu conta do paradoxo que representa a existência, ao lado do antitrotskismo staliniano, de outros – liberal e pós-soviético – que apresentam grande coincidência de argumentos com o primeiro, embora com propósitos diferentes.

6   Quem quer que conheça as obras de Lenin e Trotsky saberá que não havia uma "veemência verbal pouco comum", como afirma Urbano Rodrigues. Os termos utilizados no debate não diferem daqueles que dirigiram a outros bolcheviques em ocasiões diversas. Podem-se censurar os excessos retóricos que marcavam o modo russo de conduzir o debate político, mas enquanto Lenin viveu essa veemência não se transformou em insultos ou falsas acusações, como ocorreu com a publicística staliniana após 1924.

em 1916, assim como em Brest-Litovsk, em 1917, e no tocante aos sindicatos soviéticos, em 1921? Poderiam ser enumerados outros muitos casos, talvez o mais importante dos quais seja o desacordo no Segundo Congresso do POSDR e as críticas do jovem Trotsky à concepção de partido de Lenin. Mas não há nada a esse respeito que Basmanov, Figuères e Mavrakis não tenham dito, e antes deles o infame manual de história do Partido Bolchevique.

De modo pouco imaginativo, Urbano Rodrigues decidiu retornar a velhos e gastos argumentos. Não citou nenhuma pesquisa recente sobre o tema, nem trouxe nenhuma nova informação; apenas repetiu. Sua descrição dos desacordos a respeito de Brest-Litovsk é, nesse sentido, exemplar e, por essa razão, será aqui melhor discutida. Referindo-se aos desacordos no interior do Partido Bolchevique, o jornalista acusa Alfred Rosmer (1970) e Gerard Rosenthal (1975) de terem omitido "que meses depois da sua adesão ao Partido Bolchevique, quando já exercia funções de grande responsabilidade, como dirigente, Trotsky divergiu de Lenine em questões de grande importância em momentos cruciais" (Rodrigues, 2008). A acusação pode justificar-se com relação a Rosmer. De fato, em seu livro *Moscou sous Lénine*, o comunista francês não destacou essas diferenças, preferindo enfatizar aquelas que existiam com Bukharin e os "comunistas de esquerda". Mas é completamente injustificada com relação a Rosenthal, que começou sua narrativa em 1927! Além disso, Urbano Rodrigues poderia ter destacado o fato de que Isaac Deutscher, Pierre Brouè, Tony Cliff e Jean-Jacques Marie, simpatizantes de Trotsky e autores de incontornáveis biografias a respeito, detalharam à exaustão essas diferenças (Deutscher, 1984; Brouè, 1988; Cliff, 1990; e Marie, 2006).[7]

---

7   Urbano Rodrigues cita Deustcher, mas claramente desconhece a obra de Brouè, Cliff e Marie, uma vez que afirma que nas últimas décadas não foram publicados "livros

ARQUEOMARXISMO

DE VOLTA A BREST-LITOVSK

Tem razão o jornalista, quando afirma que a "participação de Trotsky em Brest Litowski continua a ser tema polémico" (Rodrigues, 2008). O stalinismo falsificou abertamente a história para criar boa parte dessa polêmica. Na *História do Partido Comunista da União Soviética (bolchevique)*, uma fantasiosa versão referente às polêmicas que tiveram ocasião no Partido Bolchevique à época das negociações em Brest-Litovsk foi apresentada. De acordo com essa versão, Trotsky, os "comunistas de esquerda" e os socialistas revolucionários de esquerda tramaram um complô para prender e assassinar Lenin, Stalin e Sverdlov:

> Mas o recente processo do antissoviético "Bloco de Direitistas e Trotskistas" (início de 1938) revelou agora que Bukharin e o grupo de "comunistas de esquerda" liderado por ele, juntamente com Trotsky e os socialistas-revolucionários "de esquerda", conspiravam contra o governo soviético. Agora é sabido que Bukharin, Trotsky e seus companheiros conspiradores tinham determinado romper a Paz de Brest-Litovsk, prender V. I. Lenin, J. V. Stalin e Y. M. Sverdlov, assassiná-los e formar um novo governo com bukharinistas, trotskistas e socialistas revolucionários "de esquerda" (Central Comitte of the C.P.S.U.(b), 1939, p. 218).

O livro cometia a proeza de falsificar os Processos de Moscou. No próprio juízo contra o "Bloco de Direitistas e Trotskistas", Bukharin desmentiu essa versão, negando categoricamente qualquer plano para assassinar Lenin. Bukharin, entretanto, reconheceu que os "comunistas

---

importantes que acrescentem algo de significante". Sobre esses autores é preciso esclarecer que Deutscher se afastou das ideias de Trotsky e da Quarta Internacional, o que fica evidente no terceiro volume de sua biografia.

de esquerda" Karelin e Kamkov compareceram a uma reunião na qual os socialistas revolucionários fizeram a proposta de prender Lenin por 24 horas e assumir o comando da revolução, rompendo os acordos de Brest-Litovsk. Também afirmou que ambos comunistas rejeitaram veementemente a proposta (Last Plea, 1938, p. 128-129). Fica claro na narrativa de Bukharin que, apesar da tortura e chantagem nas quais esta havia sido forjada, ele não implicou Trotsky em nenhum complô. Sobre esse ponto, Bukharin, desafiando seus algozes ao menos uma vez, não disse nada que já não estivesse registrado nos anais da história, uma vez que o mesmo havia, em 1923, notificado o partido sobre essas conversas e o assunto havia sido comentado pelo jornal *Pravda* em 1924 (Garthoff, 1952, p. 71). Mas para os dirigentes soviéticos a "confissão" de Bukharin, embora forjada, era insuficiente. Foi necessário, assim, falsificá-la, atribuindo-lhe o que nunca disse.

A *História do Partido Comunista da União Soviética (bolchevique)* também confundia as posições de Trotsky e Bukharin a respeito da paz, embora fossem significativamente diferentes. Segundo o manual,

> os aliados nesse sinistro esquema eram Trotsky e seu cúmplice Bukharin, o ultimo juntamente com Radek e Pyatakov liderando um grupo hostil ao partido, mas camuflado sob o nome de "comunistas de esquerda". Trotsky e o grupo dos "comunistas de esquerda" deram início a uma feroz luta no partido contra Lenin, exigindo a continuação da guerra. Essas pessoas faziam claramente o jogo da Alemanha imperialista e dos contrarrevolucionários no país, pois agiram para expor a jovem república soviética, a qual não tinha ainda um exército, às garras do imperialismo germânico (Central Comitte of the C.P.S.U.(b), 1939, p. 216).

ARQUEOMARXISMO

Segundo a *História* stalinian, a Lenin declarou que Bukharin e Trotsky "ajudaram o imperialismo alemão e entorpeceram o crescimento e desenvolvimento da revolução alemã" (*idem*, p. 217). No texto original Lenin fez referência a Bukharin e outros "comunistas de esquerda", mas não citou uma única vez a Trotsky (LCW, v. 27, p. 80-81). Além de adulterar citações, o manual também ignorava as resoluções do partido e dos *soviets* que haviam sido tomadas e criava outras que nunca tiveram nem poderiam ter tido lugar, uma vez que Lenin era, em fevereiro, minoria no Comitê Central Bolchevique. A conclusão óbvia dessa fantasiosa história era que Trotsky não passava de um traidor:

> No dia 18 de fevereiro, as negociações de paz em Brest-Litovsk foram rompidas. Embora Lenin e Stalin, em nome do comitê Central do Partido, tivessem insistido que a paz deveria ser assinada, Trotsky, que liderava a delegação soviética em Brest-Litovsk, traiçoeiramente violou as instruções diretas do Partido Bolchevique. Ele anunciou que a República Soviética recusava concluir a paz nos termos propostos pelos alemães. Ao mesmo tempo informou aos alemães que a República Soviética não lutaria e continuaria a desmobiliar seu exército. Isso foi monstruoso. Os imperialistas alemães não poderiam desejar ainda mais desse traidor dos interesses do país dos soviets (Central Comitte of the C.P.S.U.(b), 1939, p. 216).

Embora o manual de história stalinista faça um amálgama entre as ideias de Trotsky e Bukharin, durante as negociações três eram as posições no interior do Partido Bolchevique: Lenin, apoiado por Zinoviev e Stalin, propunha que fossem aceitas todas as condições dos alemães nas negociações; Bukharin e os chamados "comunistas de esquerda" defendiam a ruptura das negociações e a declaração de uma "guerra revolucionária" contra as potências imperialistas; Trotsky, por sua vez, advogava uma política na qual os bolcheviques deveriam se retirar das negociações e decretar a paz unilateralmente, sem aceitar as condições dos alemães.

A política de Trotsky, resumida pela palavra de ordem "nem paz, nem guerra", era uma tentativa de ganhar tempo nas negociações apostando na estabilização do poder soviético e num levante dos trabalhadores ocidentais contra a guerra. A recusa à "paz" significava, nessa perspectiva, a rejeição das condições impostas pelos alemães e a denúncia de seus propósitos belicistas e anexionistas. A posição do representante do novo Estado soviético nas negociações era, certamente, a mais complexa e implicava uma fina percepção das mudanças na política das grandes potências e o acompanhamento dos acontecimentos no movimento operário europeu e, não menos importante, do desenrolar da guerra no front ocidental.

Embora Lenin não concordasse com todas as consequências da posição de Trotsky, não foi com esta que debateu de modo mais firme e sim com a posição de Bukharin. A posição deste último parecia ser majoritária na base do partido, principalmente em Moscou. Em uma reunião realizada no dia 8 de janeiro com os delegados bolcheviques que participariam da reunião do 3º Congresso dos Soviets, a posição de Bukharin obteve 32 votos, a de Trotsky, 16 e a de Lenin, francamente minoritária, recebeu 15 votos (Deutscher, 1984, p. 397 e Bailey, 1955, p. 26). A seguir foi feita uma consulta com duas centenas de *soviets* locais sobre o tema da paz. Apenas dois foram a favor da paz – Petrogrado

ARQUEOMARXISMO

e Sebastopol – e os demais votaram a favor da Guerra revolucionária (Wheeler-Bennett, 1938, p. 191 e Trotsky, 1953, p. 453-454).[8]

Um áspero debate teve lugar a respeito no interior do Comitê Central, durante sua sessão de 11 de janeiro de 1918. As teses escritas por Lenin para essa reunião criticavam de modo minucioso "os argumentos em favor de uma guerra revolucionária imediata", mas não faziam menção a Trotsky ou à sua posição nos debates (LCW, v. 26, p. 442-450). Após apresentar suas teses, Lenin encaminhou proposta pela qual o Comitê Central autorizava a protelar por todos os meios a assinatura da paz (LOC, v. XXVIII, p. 132).[9] A resolução de Lenin foi aprovada e apenas Zinoviev, propenso a aceitar rapidamente as condições dos alemães, votou contra ela. Lenin mantinha, entretanto, seus desacordos com o representante dos *soviets* em Brest-Litovsk, como fica claro em seu discurso nessa reunião. Segundo Lenin, a posição de Trotsky era "uma demonstração de política internacional. Ao retirar nossas tropas o que conseguimos é entregar aos alemães a República Socialista da Estônia" (LOC, v. XXVIII, p. 132). Lenin considerava que a posição de Trotsky poderia tornar-se perigosa – embora no momento não fosse – e levar a concessões ainda maiores.

Depois de aprovada a moção de Lenin com o voto de Trotsky, este último apresentou outra proposta de resolução que não era contraditória com a anterior: "Interrompemos a guerra e não assinamos a paz

---

8   O livro de Wheeler-Bennett (1938), um historiador conservador, permanece até o momento uma fonte incontornável pela sua riqueza de detalhes.

9   A ata da reunião do Comitê Central do Partido Operário Social-Democrata Russo (bolcheviques), de 11 (24) de janeiro de 1918, com os discursos pronunciados na ocasião, não se encontra na edição das *Collected Works* de Lenin aqui utilizada, razão pela qual são citadas por meio da edição espanhola (*Obras Completas*).

96 ALVARO BIANCHI

– desmobilizamos o Exército", por nove votos contra sete (Deutscher, 1984, p. 398). As versões sobre essa votação são bastante contraditórias. Serge escreveu a respeito que "Zinoviev, Stalin e Sokolnikov apoiaram Lenin. Lomov e Kretinski votaram pela guerra; a fórmula apoiada por Trotsky, Bukharin e Uritski – prolongar as negociações – obteve a maioria dos votos" (2007, p. 199). Mas Serge parece confundir duas votações diferentes. Além do mais, todos os historiadores são unânimes em afirmar que Lenin encaminhou e votou na proposta de prolongar as negociações. Há também um grande acordo sobre o número de votos que a proposta de Trotsky recebeu. A questão é, então, se ela recebeu o apoio de Lenin na votação. Deutscher não afirma se Lenin votou ou não na posição de Trotsky e Carr escreve não ser possível determinar como votaram os membros do comitê central, mas Jean-Jaques Marie, em uma pesquisa mais recente, afirma que, para Lenin, "desmobilizar o exército sem concluir a paz era ir demasiado longe: ele vota contra" (Deutscher, 1984, p. 398-399; Carr., 1953, v. 3 e Marie, 2006, p. 156). O 3º Congresso dos Soviets realizado pouco depois aprovou resoluções semelhantes, bem como o relatório de Trotsky sobre as negociações de Brest-Litovsk, no qual sua linha era apresentada e defendida.

Foi com essas resoluções e nenhuma outra que Trotsky partiu novamente para Brest. Mas antes de fazê-lo reuniu-se privadamente com Lenin e concordou com este de que se sob certas circunstâncias, dentre as quais a retomada das operações militares pelos alemães, abandonaria sua política em favor de Lenin. Este último, então, perguntou: "Mas nesse caso você não apoiaria a palavra de ordem de guerra revolucionária, não é mesmo?" A resposta de Trotsky foi taxativa: "Sob circunstância alguma". "Então", ponderou Lenin, "o experimento pode

ARQUEOMARXISMO

não ser tão perigoso". E a seguir concluiu jocosamente: "Nós só corremos o risco de perder Estônia ou Letônia em troca de uma boa paz com Trotsky" (Wheeler-Bennett, 1938, p. 192-193).[10] Obviamente, uma conversa como essa não poderia se sobrepor, a não ser em uma autocracia, às decisões do Comitê Central e do Congresso dos Soviets. Foi portanto com o mandato imperativo outorgado pelo partido e pelos *soviets* que Trotsky conduziu seu comportamento nas negociações de Brest-Litovsk.

Durante os primeiros momentos das negociações, a posição de Trotsky se revelou a mais adequada e um ponto de convergência entre as diferentes posições no interior do partido. Também permitiu evitar uma ruptura que pareceu a todos premente. Lenin, sem dúvida, a considerava um mal menor quando comparada à posição de Bukharin, como fica claro em suas teses e nas diferentes ênfases de seu discurso. A posição de Trotsky, sintetizada na expressão "nem paz, nem guerra", pretendia "esgotar as potencialidades revolucionárias e convencer os proletários do Ocidente da intransigência dos bolcheviques com respeito ao imperialismo austro-alemão" (Serge, 2007, p. 220).

Não era fácil, entretanto, convencer o proletariado europeu das intenções do novo governo soviético. Na social-democracia alemã ninguém entendia a atitude dos bolcheviques. Lenin relatou possuir um documento no qual as posições de duas frações do centro da social--democracia alemã estavam expressas: uma delas achava que os bolcheviques haviam se vendido ao alto comando alemão e que as negociações de Brest-Litovsk eram jogo de cena; a outra, da qual Kautsky era mais próximo, não questionava a integridade dos bolcheviques,

---

10 Embora não cite a fonte do diálogo, Wheeler-Bennett baseia sua reconstrução evidentemente em relato de Trotsky (1953, p. 454).

mas considerava sua conduta um "enigma psicológico" (LOC, v. XXVIII, p. 130. Ver, tb., Trotsky, 1953, p. 451). Mesmo na Rússia, liberais, mencheviques e populistas consideravam as negociações com os alemães como puro jogo de cena (Trotsky, 1953, p. 440).

A atitude de Rosa Luxemburg a respeito das negociações em Brest-Litovsk ilustra essa confusão. Em janeiro de 1918, a revolucionária alemã escreveu que os russos estavam escolhendo entre reforçar a Entente ou o imperialismo alemão (Luxemburg, 1969, v. II, p. 43). Acreditava que a primeira consequência do armistício era o deslocamento de tropas para o Oeste e o recrudescimento do insano morticínio que caracterizava a guerra imperialista. Esta opinião perdurou e ela voltou a escrever, em setembro do mesmo ano, que a atitude dos bolcheviques em Brest-Litovsk teve como consequência um enorme reforço da política imperialista pangermânica e o enfraquecimento da revolução alemã (*idem*, p. 47). Porém, o amigo de Luxemburg, Karl Liebknecht, compreendeu melhor os objetivos da política de Trotsky em Brest-Litovsk:

> É fácil condenar agora os erros de Lenin e Trotsky. Não é exato que a evolução futura da solução atual será pior do que seria um retorno ao começo de fevereiro em Brest. O contrário é o verdadeiro. Tal retorno teria feito aparecer a imposição final como uma *vis haud ingrata*. O cinismo espantoso, a crueldade bestial da exigência final alemã fizeram desaparecer todas as suspeitas. Do ponto de vista da propaganda revolucionária o efeito estimulante compensou muito o efeito calmante (Liebknecht, 1970, p. 189).[11]

---

11 Leon Trotsky (1953, p. 461-462) cita essa mesma passagem com a exceção da primeira e da última frase e, com base nela, comenta a evolução política de Libekknecht. *Vis haud ingrata* é uma violência não indesejada.

O texto de Liebknecht permite compreender o impacto do adiamento do acordo sobre a consciência do proletariado europeu. A postergação do desfecho permitiu denunciar as intenções belicistas alemãs e seu propósito de aniquilar o regime dos *soviets*. Escrevendo em 1926 a respeito da política externa soviética, Christian Rakovsky registrou: "Se a vitória material ficou com a Alemanha e a Áustria, a vitória moral coube à delegação soviética" (1926, p. 577). A frase de Rakovsky não era tentativa de salvar politicamente uma derrota. Quando Rakovsky escreveu seu artigo, em 1926, já se sabia o resto da história. Comprometidos com a frente ocidental, os alemães não tinham força para aniquilar o poder dos *soviets*. Pretendiam apoderar-se das reservas de trigo e carvão da Ucrânia, necessárias para a continuidade da guerra, e deslocar seus exércitos para o Oeste o mais rápido possível. Ao mesmo tempo, a irrepreensível conduta bolchevique em Brest-Litovsk alimentou a revolução na própria Alemanha. Em novembro de 1918, *soviets* de operários e soldados foram constituídos em Berlim, o Kaiser Guilherme II foi derrubado, a república proclamada e o tratado imposto aos soviéticos cancelado (ver os documentos em Wheeler-Bennett, 1938, apêndice X-XI).

Sob vários aspectos a política de Trotsky era extremamente realista. Ele estava disposto a esgotar todo o tempo possível, adiando ao máximo a assinatura da paz, mesmo correndo o risco de uma nova ofensiva alemã. Sua posição implicava em uma firme oposição à política da guerra revolucionária e pretendia ganhar tempo. Nesses pontos ela era completamente coincidente com os propósitos de Lenin. Trotsky, entretanto, não era tão favorável quanto Lenin a aceitar as condições dos alemães. Mas também não considerava que a fórmula "nem paz, nem guerra" fosse um princípio e estava disposto a assinar a

100   ALVARO BIANCHI

paz aceitando as condições, caso ficasse claro que os alemães promoveriam uma nova ofensiva sobre o território soviético.

As negociações com os alemães deixaram de avançar na segunda semana de janeiro e se tornaram rapidamente inúteis (Wheeler-Bennett, 1938, cap. VI). Os alemães insistiam que a Ucrânia estivesse representada na reunião pelo governo burguês da Rada. Trotsky havia questionado essa participação, mas a aceitou enquanto esse governo manteve-se no poder em Kiev. No dia 21 de janeiro (3 de fevereiro) Trotsky recebeu por rádio uma mensagem de Lenin: "A Rada de Kiev caiu. Todo o poder na Ucrânia está em mãos do *soviet.*" A mensagem também informava a respeito dos sucessos obtidos na Finlândia, na região do Don e, finalmente, em Berlim e Viena, onde haviam sido criados *soviets* operários. Eufórico, Lenin escrevia: "Há rumores de que Karl Liebknecht foi posto em liberdade e pronto liderará o governo alemão" (LCW, v. 26, p. 510). Os alemães responderam com uma provocação, assinando uma paz em separado com a Rada, um governo que não existia mais.

A agitação operária em Berlim e Viena teve o paradoxal efeito de fortalecer a facção belicista entre os negociadores alemães. Guilherme II ordenou ao então chefe da delegação alemã em Brest-Litovsk, Von Kuhlmann, que apresentasse um ultimato aos russos (Serge, 2007, p. 204-205). Em 28 de janeiro (10 de fevereiro pelo calendário ocidental) o general Hoffmann, representante do Estado Maior alemão nas negociações, deu o passo decisivo, exibindo um mapa no qual eram mostradas as anexações propostas pelos alemães e anunciando o ultimato. Trotsky consultou Lenin a respeito e este respondeu em um telegrama: "Você conhece nosso ponto de vista; só foi confirmado ultimamente, principalmente depois da carta de

ARQUEOMARXISMO

Ioffe. Repetimos: ficou nada da Rada de Kiev e os alemães se verão obrigados a reconhecer isso, se já não o fizeram. Mantenha-nos informados. Lenin" (LCW, v. 26, p. 517).

Quando os representantes da Alemanha e da Rússia soviética se reuniram novamente para apreciar o ultimato anunciado por Hoffmann, Trotsky anunciou, com base no mandato recebido pelo partido e pelos *soviets*, que o governo soviético considerava unilateralmente encerrada a guerra:

> Entrego aos Delegados da Aliança [Potências Centrais] a seguinte declaração escrita e assinada: "Em nome do Conselho dos Comissários do Povo, o governo da República Federal Russa informa os Governos e povos unidos em Guerra contra nós, os países da Aliança e neutrais, que se recusando a assinar uma paz de anexações, a Rússia declara, por seu lado, que o estado de guerra com a Alemanha, Áustria-Hungria, Turquia e Bulgária está encerrado. As tropas russas estão recebendo neste momento uma ordem para a desmobilização geral em todas as linhas do front" (*apud* Wheeler-Bennett, 1938, p. 227).

A reação dos alemães foi de espanto. Todos ficaram em silêncio tentando compreender o que acontecia, até que o general Hoffmann gritou escandalizado: "*Unerhort!* (Inacreditável!)". A teatral retirada dos bolcheviques tinha o claro propósito de evidenciar a culpa dos alemães no fracasso das negociações de paz. No dia 14 de fevereiro, já em Moscou, Trotsky apresentou seu relatório sobre as negociações em Brest-Litovsk para o Comitê Central Executivo dos Soviets. Ao final da sessão, uma declaração oficial informou que "uma resolução foi votada a qual *aprovou o conjunto da política* da Delegação a

Brest-Litovsk do Conselho de Comissários do Povo" (Magnes, 1919, p. 134, grifos meus).[12]

Imediatamente os alemães anunciaram que uma nova ofensiva sobre o território soviético teria lugar dentro de dois dias, violando o acordo inicial assumido em Brest-Litovsk, que previa um aviso com sete dias de antecedência. A ofensiva teve início no dia 17 de fevereiro. Na reunião do Comitê Central realizada no mesmo dia, Trotsky votou com os "comunistas de esquerda" uma moção contrária a novas negociações de paz, esperando notícias mais precisas sobre o avanço alemão. Mas no dia seguinte, quando essas notícias chegaram, Trotsky votou com Lenin. Quando os alemães apresentaram suas condições ainda piores para uma paz, Trotsky, apesar de considerá-las humilhantes, votou novamente, na reunião do Comitê Central do dia 23 de fevereiro, a favor da proposta pacifista defendida por Lenin. Embora a paz tivesse sido assinada em 3 de março, as exigências dos alemães continuaram e não estava descartado um ataque alemão. Mesmo assim o 7º Congresso Extraordinário do Partido Bolchevique da Rússia aprovou, em 6 de março, a ratificação do acordo, mais uma vez com o voto de Trotsky. Foi nessa ocasião que Lenin pronunciou o discurso citado por Urbano Rodrigues (2008):

> Devo referir-me agora à posição do camarada Trotsky. Na sua actuação devemos distinguir duas fases: quando iniciou as negociações de Brest, utilizando-as excelentemente para a agitação, todos estivemos de acordo com ele. Trotsky citou parte de uma conversa comigo, mas devo acrescentar que concordamos manter-nos firmes até ao ultimato dos alemães, mas cederíamos após ele. Os alemães

---

12   Segundo Bailey, essa resolução foi proposta por Sverdlov, o qual estava incondicionalmente aliado a Lenin nesse debate (cf. Bailey, 1955, p. 27).

ARQUEOMARXISMO

intrujaram-nos porque de sete dias roubaram-nos cinco. A táctica de Trotsky foi correcta enquanto se destinou a ganhar tempo; tornou-se equívoca quando se declarou o fim do estado de guerra, mas não se assinou a paz. Eu tinha proposto com toda a clareza que se assinasse a paz de Brest.[13]

Lenin considerava que essa diferença com Trotsky era "história passada, que não vale a pena recordar" (LCW, v. 27, p. 113). De fato, era história que havia sido resolvida mediante votações no Comitê Central e no Congresso dos Soviets. O desacordo de Lenin com Trotsky era agora outro e não dizia respeito à assinatura da paz com os alemães e sim à assinatura da paz com o governo da Rada na Ucrânia, reinstituído em Kiev pelos alemães. No Congresso do Partido, Trotsky era favorável a aceitar os termos do acordo impostos pelos alemães, mas encaminhou um adendo à proposta de Lenin recusando explicitamente a assinatura de qualquer futuro acordo de paz com a Rada. Lenin se manifestou contrariamente a essa proposta, mas não se declarou favorável à assinatura de qualquer acordo com a Rada. Argumentou, pelo contrário, que "tudo depende da correlação de forças e do momento em que se produza a ofensiva de uns ou outros países imperialistas contra nós" (LCW, v. 27, p. 120).

Após o Congresso adotar uma resolução na qual as novas condições para a paz impostas pelos alemães foram aceitas, teve lugar a

---

13 Transcreve-se o texto conforme Urbano Rodrigues. A íntegra do informe de Lenin com a referida passagem está em LCW (v. 27, p. 110-117). Em uma nota de rodapé Urbano Rodrigues esclarece que sua citação de Lenin foi extraída de "V. I. Lenine, Textos extraídos das Obras Completas de Lenine, Ed. Estampa, Lisboa 1977, pág 260". Não existe livro com esse título e, por isso, permanece desconhecida a fonte do jornalista Urbano Rodrigues. Na mesma cidade, na mesma editora e no mesmo ano, foi publicada uma coletânea de Lenin intitulada *Contra o trotskismo* (1977).

104 ALVARO BIANCHI

eleição do Comitê Central do partido Bolchevique. O resultado dessa eleição é muito importante para avaliar o peso político dos diferentes dirigentes soviéticos. Lenin e Trotsky foram os mais votados, com 37 votos cada um; Bukharin obteve 36; Smirnov, 32; Zinoviev, 30; Skolnikov, 25; Stalin, 21; Radek, 19; e Obolensky, 7. Com a exceção de Lenin, que morreu em 1924 devido às sequelas provocas por um atentado, todos os demais foram executados por ordem de Stalin (Garthoff, 1952, p. 78).

"As cabeças pensantes da revolução"

Um ponto central no argumento de Urbano Rodrigues é sua interpretação da passagem acima transcrita do informe político de Lenin ao 7º Congresso. Segundo o jornalista:

> A transcrição (parte de uma intervenção extensa) é esclarecedora porque a posição assumida por Trotsky ("nem paz nem guerra"), ignorando as instruções de Lenine, levou os alemães a romper a trégua e desencadear uma ofensiva de consequências desastrosas, ocupando enormes extensões do país. Quando o Tratado de Paz foi finalmente assinado, as condições impostas foram muito mais severas do que as inicialmente apresentadas pelo Império Alemão (Rodrigues, 2008).

A transcrição é mesmo uma pequena parte de um texto muito mais extenso no qual na maior parte de suas páginas Lenin rebate os argumentos favoráveis à "guerra revolucionária" e em apenas três delas se dedica a discutir a posição de Trotsky. Lenin jamais afirmou que Trotsky agiu "ignorando (su)as instruções". A razão para nunca ter afirmado isso é simples: não poderia fazê-lo a menos que sugerisse que Trotsky

ARQUEOMARXISMO

deveria ter rompido a disciplina do partido e dos *soviets* e o mandato para não assinar a paz que estes lhe haviam outorgado na reunião do dia 11 de janeiro. Lenin não concordava integralmente com a proposta aprovada nessa reunião, mas havia aquiescido com sua operacionalização e, por essa razão, não deixou de aprovar o conjunto da ação do representante dos *soviets* em Brest-Litovsk, conforme a moção votada pelo Comitê Executivo dos Soviets aqui citada. É por esse motivo que Lenin afirmou que "todos estivemos de acordo com ele (Trotsky)".

No 7º Congresso, como visto anteriormente, o desacordo de Lenin com Trotsky dizia respeito ao acordo com a Rada ucraniana: "E quando o camarada Trotsky faz novas demandas: 'prometa não assinar a paz com Vinnichenko [o líder da Rada]', digo que de maneira nenhuma me comprometerei com tal obrigação" (LCW, v. 27, p. 113). A paz com a Rada de fato não foi assinada, como queria Trotsky. Os alemães logo depuseram o governo ucraniano e o substituíram por um novo títere, deixando claro, desta vez, que não tinham o menor interesse na autodeterminação ucraniana, como argumentavam na mesa de negociações em Brest-Litovsk.

A versão da infame *História do Partido Comunista da União Soviética (bolchevique)* é, nesse aspecto, condizente e similar em seus termos com a de Urbano Rodrigues, uma vez que ela afirma, como já visto, que Trotsky "traiçoeiramente violou as *instruções diretas do Partido Bolchevique*". Que "instruções" são essas às quais tanto Stalin como Urbano Rodrigues coincidentemente fazem referência? Elas só poderiam provir da conversa particular entre Lenin e Trotsky sobre a qual ambos fizeram referências no debate do 7º Congresso, mas que não era do conhecimento do partido até esse momento, ou, então, do telegrama de Lenin, do dia 28 de janeiro, no qual ele dizia apenas:

106   ALVARO BIANCHI

"Você conhece nosso ponto de vista". Trotsky conhecia esse "ponto de vista", sabia a diferença que existe entre um "ponto de vista" e uma instrução e, *last but not least,* estava ciente de que a posição de Lenin era, até então, minoritária no partido.

O estudo dos debates no interior do Partido Bolchevique, à luz do contexto histórico no qual tiveram lugar, pode demonstrar a complexidade da situação vivida e das posições políticas neles defendidas. Brest-Litovsk não foi uma exceção. A historiografia stalinista simplificou enormemente esses debates apresentando-os sempre de modo maniqueísta. Urbano Rodrigues não fez diferente. Desse e de outros episódios nos quais Lenin e Trotsky divergiram, todos analisados de modo constrangedoramente superficial e a partir dos mesmos precários documentos, concluiu:

> a tentativa dos seus epígonos e de Historiadores burgueses de o guindar a "companheiro de Lenine", colocando-o ao nível do líder da Revolução, falseia grosseiramente a História. Trotsky não foi nem o revolucionário puro que os trotskistas veneram como herói da humanidade, nem o traidor fabricado por Stáline (Rodrigues, 2008).

Evidentemente não faltaram aqueles que procuraram canonizar Trotsky ou transformar o trotskismo em uma espécie de religião. Tendências similares podem ser encontradas em outros movimentos políticos vinculados à história do movimento operário, mas nenhum deles foi tão longe na mistificação como o stalinismo. As quatro mais importantes biografias sobre Leon Trotsky escritas a partir de perspectivas que simpatizam com o revolucionário russo – a de Deutscher, Cliff, Brouè e Marie – estão muito longe de considerar Trotsky um revolucionário puro e analisam de modo detalhado as diferenças entre ele e Lenin.

Mas afirmar que Trotsky não era, aos olhos do movimento comunista internacional de sua época, "companheiro de Lenin", isto sim "falseia grosseiramente a História". Antes mesmo da fundação da Internacional Comunista os nomes de Lenin e Trotsky vinham juntos na imprensa socialista. Rosa Luxemburg, conhecedora profunda dos assuntos russos, por exemplo, escrevia, em 1918, a respeito das "cabeças pensantes da revolução russa, Lenin e Trotsky" e referia-se aos "políticos geralmente lúcidos e críticos que são Lenin, Trotsky e seus amigos" (Luxemburg, 1969, v. II, p. 58 e 70). Também não poupava elogios ao registrar: "Toda a coragem, a energia, a perspicácia revolucionária, a lógica da qual um partido revolucionário pode fazer prova em um momento histórico, tiveram Lenin, Trotsky e seus amigos" (*idem*, p. 65). A identidade estratégica entre Lenin e Trotsky era, para ela, total, a ponto de referir-se à "teoria da ditadura segundo Lenin e Trotsky" e, logo adiante, para simplificar, unir exageradamente os dois personagens em um só, escrevendo sobre a "teoria de Lenin-Trotsky" (*idem*, p. 83 e 87). A referência conjunta a "Lenin e Trotsky" era comum também nos textos de Karl Liebknecht (1970, p. 188, 189). Nem Luxemburg, nem Liebknecht fizeram ao longo de seus escritos referência a Stalin, até então um completo desconhecido. Sabe-se que os dirigentes da Liga Spartacus não eram epígonos de Trotsky. Seriam eles, então, os "historiadores burgueses" aos quais o jornalista faz referência?

A relação entre Lenin e Trotsky foi sempre psicologicamente tensa, mas de mútuo respeito e admiração. Seria um equívoco comparar essa relação, com os profundos laços de amizade que uniram Marx e Engels. Politicamente, os dois dirigentes soviéticos divergiram entre si um grande número de vezes, mas a partir de 1917 a convergência estratégica entre ambos tornou-se profunda. Lenin retornou à Rússia em abril e anunciou sua nova posição na qual abandonava a palavra de ordem de "ditadura democrática do proletariado e dos camponeses". Em agosto do mesmo ano, Trotsky aderiu ao Partido Bolchevique. Uma nova fase dessa complexa relação teve início. Essa convergência não impediu que tivessem ideias próprias e muitas vezes conflitantes sobre vários pontos. Suas personalidades eram fortes e defendiam seus pontos de vista de modo enfático. Não eram os únicos a proceder desse modo no interior do Partido Bolchevique.

Após a morte de Lenin teve início uma dura luta política e ideológica no interior do Partido Bolchevique. Para sustentar as novas posições de poder ocupadas depois da morte de Lenin, Zinoviev, Kamenev e Stalin lançaram uma ofensiva sobre a história da revolução russa, procurando diminuir o lugar de Trotsky nela e afastá-lo do legado lenineano. Lenin anteviu esse movimento e, por essa razão, em seu testamento escreveu que o fato de Trotsky não ser um velho bolchevique não o desmerecia e era coisa que deveria ser deixada para trás. Certamente não o foi. Trotsky respondeu com todas as suas energias a esse ataque levado a cabo sobre o terreno da história e produziu como resposta algumas das obras-primas da historiografia marxista: *A revolução desfigurada* (1929), *Minha vida* (1930) e *História da Revolução Russa* (1932). Mas por razões de ordem política optou por diminuir suas opiniões sempre que estavam confrontadas com Lenin. Continuar a insistir com isso é um erro. Lenin e Trotsky precisam recuperar seu lugar real como homens de grande envergadura política, moral e intelectual, mas também como seres humanos que cometiam erros e refletiam a respeito deles. Mas para tal é preciso responder vivamente cada vez que as velhas e desgastadas ideias do antitrotskismo stalinista reaparecem. Golpe a golpe; verso a verso.

5

PARA QUE SERVE A ORTODOXIA?

Na crítica aos efeitos desastrosos do stalinismo sobre o movimento operário internacional, em geral, e sobre o marxismo, em particular, é comum à referência ao "marxismo da Terceira Internacional". Em certa medida, essa generalização é o produto de uma extensão apressada do chamado "marxismo da Segunda Internacional" a um universo consideravelmente diferente. Tal generalização tem como resultado a subestimação da diversidade constitutiva da Terceira Internacional e dos grandes debates que no seu interior se processavam. Seu resultado não é, senão, reduzir a importância da ruptura que representou para a vida interna da Internacional a consolidação da direção stalinista e a burocratização dos partidos comunistas.

A contribuição de Aldo Agosti ao estudo desse tema é extremamente importante. Em seu ensaio publicado na coletânea *História do marxismo*, organizada por Eric Hobsbawm, Agosti sublinhou a diversidade dos partidos que participam do chamado à constituição da Internacional Comunista, bem como os diferentes grupos que existiam no interior de cada partido. Um dos casos mais interessantes é o do Partido Comunista Húngaro, um dos signatários da carta de convocação ao 1º Congresso. Além dos chamados "bolcheviques" ou "internacionalistas", o grupo de ex-prisioneiros de guerra na Rússia, formado por Béla Kun e Rudyansky, entre outros, havia a corrente

112 ALVARO BIANCHI

influenciada por Erwin Szabo, de inspiração anarco-sindicalista, e um curioso grupo de "engenheiros socialistas", liderado por Gyula Havesi, "cuja ideologia era uma anômala mistura de positivismo tecnocrático e sindicalismo revolucionário" (Agosti, 1988, p. 52).

As diferentes reações provocadas pela obra de Nicolai Bukharin – *Teoria do materialismo histórico: ensaio popular de sociologia marxista* – ilustram, de maneira muito nítida, essa diversidade política e teórica constitutiva da Internacional Comunista. Também serve como baliza para avaliar os resultados do processo de burocratização comparar as vivas polêmicas que se seguiram à publicação do *Ensaio popular* ao silêncio que sucedeu, no interior da Internacional, à publicação de *Materialismo histórico e materialismo dialético*, de Josef Stalin, e à utilização de ordens governamentais no debate filosófico. Vale lembrar que, em 1931, um decreto estatal identificou o materialismo dialético ao marxismo-leninismo, colocando um fim à polêmica que envolvia Deborin e Bukharin, entre outros (Marcuse, 1984, p. 148-149).

A comparação não é despropositada. Quando da publicação do *Ensaio popular* (1921), Nicolai Bukharin era destacado dirigente do Partido Comunista Russo e da Internacional, aquele que Lenin considerou, em seu testamento, "o teórico mais valioso e destacado do partido (...) considerado, merecidamente, o preferido do partido". Quando da publicação de seu *Materialismo histórico e materialismo dialético*, como parte de uma obra chamada *História do Partido Comunista da União Soviética (bolchevique)*, em 1938, Stalin ocupava as posições chaves no partido e na Internacional. Entre os dois acontecimentos, entretanto, estavam os expurgos e os processos que haviam silenciado e assassinado toda a oposição.

ARQUEOMARXISMO

LUKÁCS: CRÍTICA À FALSA OBJETIVIDADE

Uma das primeiras reações ao manual de Bukharin foi publicada pelo marxista húngaro György Lukács em 1923.[1] O autor da crítica iniciava seu ensaio ressaltando os méritos da tentativa levada a cabo por Bukharin. Para Lukács, o *Ensaio popular* preenchia uma lacuna aberta desde o *Anti-Dühring*, por parte de Engels, e não ocupada pelo marxismo até então: a publicação de um compêndio sistemático de materialismo histórico redigido por um marxista. Ao identificar essa lacuna, procedia como Bela Fogarasi, que um ano antes, ao criticar o *Ensaio popular*, lamentava que os trabalhos similares levados a cabo por Georgi Plekhanov e Hermann Görter estivessem envelhecidos (cf. Zanardo, 1974, p. 12). O juízo que Lukács fazia do conjunto da obra era positivo:

> É importante dizer que Bukharin triunfou na descrição conjunta de todos os problemas importantes do marxismo, dentro de um compêndio unificado e sistemático que é mais ou menos marxista, e, além do mais, que a apresentação é, em geral, clara e de fácil compreensão, de modo que o livro cumpre admiravelmente com seu propósito enquanto manual (Lukács, 1974, p. 41).

E muito embora os métodos usados por Bukharin e os resultados por ele atingidos precisassem ser criticados, segundo Lukács, essa crítica deveria levar em conta que se tratava de um manual popular e, portanto, ela deveria ser indulgente com o autor. Indulgente ou não, Lukács marcava claramente suas diferenças. O *Ensaio popular* obscurecia muitas relações em vez de explicá-las, e acabava por promover

---

1   O texto original foi publicado em *Archiv f. Geschichte des Sozialismus u. der Arbeiterbewegung*, n. XI, 1923. Utilizamos aqui a tradução espanhola (Lukács, 1974).

114   ALVARO BIANCHI

simplificações abusivas, como quando estabelecia um paralelo rigoroso entre a hierarquia de poder e a estrutura de produção, afirmando que "a estrutura do aparelho de estado reflete a da economia – p. ex. as mesmas classes ocupam as mesmas posições em ambas" (*apud* Lukács, 1974, p. 42).[2]

Mas, para além de problemas pontuais como este aqui apontado, a crítica de Lukács levantava algumas restrições metodológicas fundamentais ao texto de Bukharin e erros que este teria cometido, principalmente no capítulo filosófico introdutório. Nele Bukharin teria se situado perigosamente próximo àquilo que Marx denominou "materialismo burguês", "rejeitando todos os elementos do método marxista que derivam da filosófica clássica alemã" (Lukács, 1974, p. 43). Essa aproximação ao materialismo natural-cientificista obscureceria o caráter específico do marxismo, para o qual "todos os fenômenos econômicos ou 'sociológicos' derivam das relações sociais entre os homens. A 'ênfase' conferida a uma falsa 'objetividade' na teoria conduz ao fetichismo" (*idem*, p. 44).

Lukács esclarecia o problema dessa falsa "objetividade" ao analisar o papel determinante que Bukharin atribuía à tecnologia. Para o marxista russo, a técnica seria a "determinante básica" das "forças produtivas da sociedade" e a sociedade dependeria, "em última instância" de seu desenvolvimento: "cada sistema dado de técnica social determina por sua vez, o sistema de relações de trabalho entre os homens" (Bukharin, 1974, p. 223). O determinismo chegava às raias do insólito

---

2   No texto de Bukharin, a tradução espanhola deixou a frase incompreensível: "Aqui também se pode observar que a estrutura do aparelho de estado reflete a estrutura econômica da sociedade, ocupando em ambas classes posições relativamente similares" (1974, p. 238).

ARQUEOMARXISMO

quando afirmava que "a técnica da música depende, em primeiro lugar, da técnica da produção material", o que o levava a afirmar que

> a distribuição dos membros de uma orquestra está determinada, da mesma forma que em uma fábrica, pelos instrumentos ou grupos de instrumentos. Em outras palavras, sua disposição e organização está condicionada pela técnica musical, e através desta última se encontra ligada à própria base do desenvolvimento social, à produção material (Bukharin, 1974, p. 275).

Ora, afirmava Lukács, esta identificação entre técnica e forças produtivas não era nem válida, nem marxista. A técnica deveria ser concebida não como a força produtiva por excelência, como o fundamento autossuficiente do desenvolvimento, mas como um momento do sistema de produção existente, cujo desenvolvimento seria explicado pelo desenvolvimento das forças sociais de produção.

Feita essa ressalva metodológica, o marxista húngaro abordava a principal consequência dessa falsa objetividade na obra de Bukharin: sua concepção do marxismo como "sociologia geral". Sua sociologia, impregnada pelo enfoque natural-cientificista, se desenvolvia como ciência independente com seus próprios objetivos substantivos. Mas

> a dialética não requer tais acontecimentos substantivos e independentes; seu domínio é o processo histórico como um todo, cujos momentos individuais, concretos, irrepetíveis, revelam sua essência dialética, precisamente nas diferenças qualitativas entre eles e a contínua transformação de sua estrutura objetiva. A totalidade é o território da dialética (Lukács, 1974, p. 48).

O objetivo dessa sociologia de Bukharin era a previsão dos acontecimentos sociais, da mesma maneira como seriam previsíveis os acontecimentos na natureza. Se não fosse possível essa predição, seria porque ainda não haveria informação suficiente sobre as leis do desenvolvimento social. De qualquer modo, embora não fosse possível antecipar a velocidade dos processos sociais, seria possível prever a direção destes, afirmava Bukharin. Mas, advertia Lukács, nosso conhecimento das tendências não são o resultado da diferença entre o que efetivamente se sabe e o que seria necessário saber, e sim o resultado da diferença qualitativa e objetiva do próprio objeto.

Os temas selecionados por Lukács em sua crítica, bem como a abordagem destes, deixavam claro seu objetivo: contrapor-se a uma falsa objetividade que conduzia à transformação das ciências naturais na ciência por antonomásia, criando na análise dos processos sociais uma falsa objetividade assentada na reificação de relações sociais. A fetichização da técnica e a eliminação das mediações na relação entre base e superestrutura eram as consequências substantivas da transformação do marxismo em uma sociologia geral.

Em sua introdução ao texto de Lukács, Ben Brewster afirmou que a impressão de abstração provocada por *História e consciência de classe* era dissipada pela sua crítica a Bukharin: "Lukács não se limita a fazer uma crítica puramente filosófica, e sim examina os pontos críticos da interpretação marxista da história para demonstrar quão pouco consistente é a obra de Bukharin" (Brewster, 1974, p. 38). De fato, Lukács mostra as inconsistências do *Ensaio popular*, mas o faz, ao contrário do afirmado por Brewster, privilegiando a crítica metodológica. Ao invés de afastar-se do marco teórico de sua obra de adesão ao marxismo, Lukács preservava aqueles temas fundamentais de seu ensaio *O que é o marxismo ortodoxo?*: a afirmação de que a ortodoxia marxista referia-se exclusivamente ao método e à totalidade concreta como a categoria fundamental da realidade:

> Marxismo ortodoxo não significa, pois, uma adesão sem crítica aos resultados da pesquisa de Marx, não significa uma "fé" numa ou noutra tese, nem a exegese de um livro "sagrado". A ortodoxia em matéria de marxismo refere-se, pelo contrário, e exclusivamente, ao método. Implica a convicção científica de que, com o marxismo dialético, se encontrou o método de investigação justo, de que este método só pode ser desenvolvido, aperfeiçoado, aprofundado no sentido dos seus fundadores; mas que todas as tentativas para superar ou "melhorar" levaram apenas à sua vulgarização, a fazer dele um ecletismo – e tinha necessariamente que levar aí (Lukács, 1989, p. 15).

GRAMSCI: FILOSOFIA COMO POLÍTICA

Muitos desses temas tratados por Lukács encontram-se na crítica desenvolvida por Antonio Gramsci no cárcere. A crítica à redução das forças produtivas aos instrumentos técnicos, que já se encontrava em Achille Loria, é provavelmente o caso mais evidente. Retomando observações de Benedetto Croce sobre Loria e os "instrumentos técnicos", Gramsci destaca que no "Prefácio de 1859" à *Contribuição à crítica da economia política*, Marx utiliza expressões tais como "grau de desenvolvimento das forças materiais de produção", "modo de produção da vida material", "condições econômicas da produção", mas estas expressões não permitiriam reduzir as chamadas condições materiais à simples metamorfose do "instrumento técnico" (Q, p. 1440-1441).

O tema era o mesmo desenvolvido por Lukács, mas as abordagens e os objetivos dessa polêmica eram diferentes. A crítica apresentada por Gramsci tinha, também, um caráter metodológico. Era, também, a crítica ao reducionismo, próprio da corrente revisionista que hegemonizou a Segunda Internacional. E não é de se estranhar que tanto o marxista húngaro quanto o italiano comparassem as afirmações de Bukharin com aqueles que levaram ao extremo esse revisionismo, Heinrich Cunow e Achille Loria, respectivamente. Mas a preocupação central de Gramsci não se reduzia à perda de eficácia interpretativa de uma concepção reducionista. Ela visava impedir que uma interpretação reducionista conduzisse à assimilação de correntes estranhas ao marxismo, o que teria como consequência a assimilação do marxismo por outras correntes, ou seja, a subalternização da filosofia da práxis.

Para impedir essa subalternização, era preciso demarcar a distância que separava o marxismo tanto do materialismo natural-cientificista como do senso comum ao qual ele se associava. Gramsci formulava, assim, uma definição de ortodoxia diferente daquela de Lukács. O que definia o marxismo ortodoxo não era, para Gramsci, o seu grau de pureza metodológica. A ortodoxia assentava-se num critério fundamentalmente prático:

> A ortodoxia não deve ser procurada neste ou naquele seguidor da filosofia da práxis, nesta ou naquela tendência vinculada a correntes estranhas à doutrina original, e sim no conceito fundamental de que a filosofia da práxis "basta a si mesma", contém todos os elementos fundamentais para construir uma concepção de mundo total e integral, uma filosofia e teoria das ciências naturais, e não somente isso, mas sim, também para vivificar uma organização prática integral da sociedade, ou seja, converter-se em uma total, integral civilização (Q, p. 1434).

As diferenças entre Lukács e Gramsci são sutis mas importantes. Lukács afirmava que a ortodoxia não residia na fé em uma "tese, nem a exegese de um livro 'sagrado'". Gramsci, por sua vez, referia-se a correntes e indivíduos. O húngaro abominava a transformação do marxismo em um "ecletismo"; já o sardo temia que o marxismo perdesse seu poder de "vivificar uma organização prática integral da sociedade, ou seja, converter-se em uma total, integral civilização". Os dois autores tratavam de problemas diferentes. Um ressaltava as complicações metodológicas decorrentes da incorporação de teorias extrínsecas ao marxismo; o outro preocupava-se com os desdobramentos práticos dessa incorporação. "Correntes", "seguidores da filosofia da práxis" e "organização prática" são palavras fortes, o resultado de sua utilização era uma definição de ortodoxia forjada para o combate ideológico. Ao contrário da crítica levada a cabo por Lukács, a que Gramsci promovia "ultrapassa uma crítica intrafilosófica a Bukharin, para atingir a questão da hegemonia na construção do socialismo" (Buci-Gluksmann, 1990, p. 271).

A noção de "combate ideológico" encontrada já no Lenin de *Que fazer?* era esmiuçada e revalorizada por Gramsci nos *Cadernos do cárcere*.[3] Já em 1925, em sua *Introduzione al primo corso della scuola interna di partito*, o dirigente comunista italiano escrevia: "Sabemos que a luta do proletariado contra o capitalismo se desenvolve em três frentes: a econômica, a política e a ideológica" (Gramsci, 1978, p. 52).

---

3   Ver a esse respeito o capítulo I-d e, em particular, a conhecida citação que Lenin faz do adendo escrito por em 1874 ao prefácio de 1879 a *A guerra camponesa na Alemanha*: "a luta se desenvolve de forma metódica em suas três direções combinadas e relacionadas entre si – teórica, política e econômico-prática (resistência aos capitalistas). Precisamente nesse ataque concentrado reside a força e a invencibilidade do movimento alemão" (MECW, v. 23, p. 631. Citado por LCW, v. 5, p. 372).

120 ALVARO BIANCHI

Frentes estas que se reduziriam a uma única através do partido da classe operária, que condensaria em sua atividade todas as exigências da luta geral.

Não seria correto, advertia Gramsci, exigir de um operário comum uma consciência completa das funções que sua classe era chamada a desenvolver no processo histórico. Antes da conquista do estado seria impossível modificar completamente a consciência de toda a classe operária. Gramsci retomava aqui problemática já desenvolvida por Trotsky em *Literatura e revolução*: a consciência só se modificaria completamente no totalidade da classe quando o proletariado se transformasse em classe dominante, controlando os aparelhos de produção e o poder estatal (*idem*, p. 54).[4] A exigência de uma consciência completa poderia, entretanto, ser exigida de um membro do partido, operário ou não. O partido poderia e deveria representar essa consciência superior. Para isso deveria assimilar o marxismo em sua forma atual, o leninismo.

Em toda sua crítica a Bukharin, Gramsci desenvolveu o tema da luta ideológica. Era preciso libertar as massas de suas antigas concepções de mundo. O homem ativo, dizia o marxista italiano, não teria uma clara consciência teórica de seu agir e seria possível, até mesmo, que sua consciência estivesse em contraste e oposição com sua ação. É possível, de certa maneira, afirmar que possuiriam duas consciências, "uma implícita em seu agir que realmente a une a todos seus colaboradores na transformação prática da realidade". Mas além desta haveria outra, "superficialmente explícita ou verbal que herdou do passado e acolhe sem crítica" (Q, p. 1385).

---

4 · A respeito da relação de Gramsci com essa obra de Trotsky ver Paggi (1981, p. 54).

ARQUEOMARXISMO

É verbal no sentido de que essa consciência seria aquela afirmada com palavras e a que acreditaria seguir, "porque a segue em 'tempos normais', ou seja, quando a conduta não é independente e autônoma e sim precisamente submissa e subordinada" (Q, p. 1379). Não se pense, entretanto, alertava o marxista italiano, que essa concepção verbal e superficial não influi no comportamento humano. Ela o

> amarra a um grupo social determinado, influi na conduta moral, na orientação da vontade, de modo mais ou menos enérgico, que pode chegar até o ponto em que a contraditoriedade da consciência não permite nenhuma ação, nenhuma decisão, nenhuma escolha e produz um estado de passividade moral e política (Q, p. 1386).

Haveria assim uma tensão permanente entre o agir e a consciência, e a resolução dessa situação só poderia ocorrer pela superação da consciência vinculada ao passado e pela emergência de uma nova consciência, pela unidade entre teoria e prática:

> A compreensão crítica de si mesmo se produz, pois, através de uma luta de "hegemonias" políticas, de direções contrastantes, primeiro no campo da ética, a seguir da política, para achegar a uma elaboração superior da própria concepção do real. A consciência de ser parte de uma determinada força hegemônica (ou seja, a consciência política) é a primeira fase para uma ulterior e progressiva autoconsciência na qual teoria e prática finalmente se unificam (Q, p. 1386).

A unidade entre teoria e prática, tão alardeada e tão pouco compreendida, era assim, para Gramsci, um devir histórico e não um fato mecânico deduzido da ação das massas. A insistência no elemento "prático" deste todo unitário "significa que se atravessa uma fase histórica relativamente primitiva, uma fase ainda econômico-corporativa, na qual se transforma quantitativamente o quadro geral da 'estrutura' e a qualidade da superestrutura adequada está em vias de surgir, mas ainda não está organicamente formada" (Q, p. 1386-1387).

Como, então, proceder nesse complexo terreno da "luta de hegemonias"? O marxista italiano ressaltava a especificidade do combate ideológico. Na luta política e militar pode ser conveniente "a tática de atacar nos pontos de menor resistência para estar em condições de atacar no ponto mais forte, com o máximo de forças disponíveis precisamente por ter eliminado os auxiliares mais débeis". Mas no fronte ideológico "a derrota dos auxiliares e dos seguidores menores tem uma importância quase desprezível; neste é necessário combater contra os mais eminentes". Uma nova ciência, e esse é o caso do marxismo, "alcança a prova de sua eficiência e vitalidade fecunda quando demonstra saber afrontar aos grandes campeões de tendências opostas, quando resolve com seus próprios meios as questões vitais que aqueles colocaram ou demonstra peremptoriamente que tais questões são falsos problemas" (Q, p. 1423).

Ao marxismo não seria dado o direito de escolher os adversários no fronte ideológico. Eles seriam previamente definidos. Da mesma forma, o marxismo, se quiser se converter em substrato de uma nova e integral civilização, deveria se apresentar como superação do modo de pensar precedente e do pensamento concreto existente. Para isso, ao contrário de Bukharin, Gramsci afirmava que o marxismo deve se apresentar, "acima de tudo, como crítica ao 'senso comum'" (Q, p. 1383).

Conclusão

As críticas levadas a cabo por Lukács e Gramsci ao manual de Bukharin podem nos ajudar a evidenciar um conjunto de fraturas que

ARQUEOMARXISMO

se estabeleceram no interior do próprio pensamento marxista. Em primeiro lugar, fratura entre filosofia, história e política. Fratura esta que se justifica com a autoridade do Lenin de *As três fontes e as três partes constitutivas do marxismo*. Aquilo que para Lenin era uma investigação das fontes históricas do marxismo – a filosofia clássica alemã, a economia política inglesa e a prática e a ciência política francesas –, entendido este como um coroamento e uma superação da ciência das nações mais avançadas da época, transformou-se em um esquema definitivo. Assim, cada um desses movimentos, tomado isoladamente, passou a ser apresentado como antecipação da filosofia, da economia e da política marxistas (Q_4 p. 1246 e 1448).

Em segundo lugar, a fratura entre materialismo histórico e materialismo dialético que é possível encontrar no *Ensaio popular* de Nicolai Bukharin, tentativa de divisão do marxismo em uma "sociologia" e em uma filosofia sistemática.[5] Fratura que foi levada ao paroxismo em *Materialismo dialético e materialismo histórico*, de Josef Stalin (1985). Nesse pequeno livreto, o materialismo histórico era apresentado como uma extensão do materialismo dialético "ao estudo da vida social". O materialismo histórico tornava-se, assim, uma colateral do sistema filosófico do marxismo. A história era a grande vítima dessa transformação, o lugar da mera realização daquelas normas atemporais codificadas nas "leis da dialética" e, de preferência, transformadas em decretos governamentais.

Em terceiro lugar, fratura entre estrutura e superestrutura, o que tem levado a considerar a segunda como um mero reflexo da primeira

---

5 "A teoria do materialismo histórico tem seu lugar definido não na economia política ou na história e sim na teoria em geral da sociedade e das leis de sua evolução, quer dizer, na sociologia" (Bukharin, 1974, p. 114).

124 ALVARO BIANCHI

ou a tornar completamente independente uma da outra.[6] Se no primeiro caso é-se vítima de um total economicismo objetivista, perdendo de vista as possibilidades de a superestrutura reagir sobre e moldar a própria estrutura, no segundo é-se refém do ideologismo subjetivista, do descolamento das superestruturas ideológicas e políticas daquelas forças materiais e sociais que lhes dão substância.

Em quarto lugar, fratura entre teoria e prática, que implica na afirmação do predomínio de um termo sobre outro. Tem-se, então, ou o teoricismo, a afirmação de um reduto para o livre arbítrio que não só retira à teoria sua possibilidade de afirmar-se como força material, como é, de fato, uma sujeição à realidade presente; ou o praticismo, expressão de uma fase econômico-corporativa onde a possibilidade da passagem da estrutura às superestruturas complexas é afastada, ou seja, onde a condição de subalternidade política e intelectual é aceita (Q, p. 1386-1387; 1580 e 1588).

A superação dessas fraturas deve se constituir no programa de pesquisa de um intelectual coletivo socialista. O estudo e o resgate da tradição teórica e política em sua plena diversidade da Internacional Comunista antes de seu processo de stalinização pode fornecer a chave para tal, colaborando para a construção de uma teoria marxista adogmática e antidogmática.

---

6   "Não é verdade que a filosofia da práxis 'separa' a estrutura das superestruturas quando, pelo contrário, concebe seu desenvolvimento como intimamente vinculado e necessariamente inter-relacionado e recíproco" (Q, p. 1300).

6

GRAMSCI NO VÉRTICE DOS TEMPOS

A o longo dos *Cadernos do cárcere*, escritos por Antonio Gramsci entre os anos 1929 e 1935, é possível perceber um claro deslocamento temático. Aos poucos, o tema da crise, ausente do esboço original, ganhou contornos mais definidos, juntamente com uma politização acentuada do projeto de pesquisa. A motivar tal inflexão estavam os dilemas da luta contra o fascismo; o giro sectário da Internacional Comunista dado pelo VII Congresso (1928) e consolidado pelo X Plenum do Comitê Executivo (1929); e a crescente stalinização da União Soviética, bem como o impacto desses processos sobre o Partido Comunista da Itália.

Foi no ano chave de 1930 que esse novo projeto gramsciano assumiu contornos mais definidos. Na cadeia, o marxista italiano deu início a uma série de discussões com seus companheiros de infortúnio.[1] Refletindo sobre as relações entre estrutura e superestrutura, Gramsci introduziu o tema da crise, procurando estabelecer as relações existentes entre política e economia (Q, p. 455).[2] O campo interpretativo

---

1 As discussões serão narradas por Athos Lisa (1981). Ver, também, Giuseppe Fiori (1979, p. 305-318) e Christine Buci-Glucksmann (1980, p. 303-310).

2 Aparecendo no Quaderno 4, em sua primeira redação sob o título "Rapporti tra struttura e superestrutture", este fragmento teve sua redação final no Quaderno 13, dividido em dois tópicos: "Analisi delle situazioni – rapporti de forza" e "Alcuni aspetti

afirmado por Gramsci não é, entretanto, aquele que deriva a crise revolucionária da crise econômica. O marxista italiano faz questão de afirmar que "pode-se excluir que, de *per si*, as crises econômicas imediatas produzam acontecimentos fundamentais; apenas podem criar um terreno favorável à difusão de determinadas maneiras de pensar, de formular e resolver as questões que envolvem todo o curso ulterior da vida estatal" (Q, p. 1.587).

A ação das massas, bem como seus movimentos políticos e ideológicos, possuem uma temporalidade própria que não necessariamente é a temporalidade da crise econômica. Pelo contrário, na maioria das vezes, os movimentos das massas encontram-se atrasados em relação aos fenômenos econômicos conjunturais de tal forma que "o impulso automático devido ao fator econômico é afrouxado, travado ou até destruído momentaneamente por elementos ideológicos tradicionais" (*idem*, p. 1.612). Tem-se, então, que uma multiplicidade de tempos pode ser contemporânea de tal forma que, interagindo uns com os outros, apresentem como produto final não a resultante de um "paralelogramo de forças", mas uma singularidade histórica. Uma singularidade que tem lugar no ponto de encontro de diferentes temporalidades. Gramsci prontamente se posiciona nesse vértice dos tempos.

Com esse posicionamento, o marxista pretendia evitar que a crise política fosse deduzida diretamente dos aspectos mais imediatos da crise econômica. Criticou por isso explicitamente o compêndio de Albert Mathiez sobre a história da Revolução Francesa. Nele, preocupado em realizar essa dedução, Mathiez afirmou a existência de uma crise econômica no ano de 1789. O marxista italiano alertou que por

---

teorici e pratici dell'economismo". Uma terceira parte aparecerá em versão definitiva já no Quaderno 10 com o título "Introduzione allo studio della filosofia".

volta daquele ano a situação econômica era estável, tornando inverossímil a ideia de que a catástrofe do Estado absolutista tenha sido motivada pelo empobrecimento da população.[3]

Evitar a dedução direta das crises não quer dizer que Gramsci cindisse a unidade existente entre economia e política. Ao contrário do que afirmam alguns comentadores, Gramsci não se afastou nesse ponto de Marx, muito embora existisse em seu pensamento uma contínua tentativa de atualização do marxismo. Não é possível, pois, reduzi-lo a um mero "teórico das superestruturas" como muitos fizeram (Texier, 1968). Economia e política encontravam-se para Gramsci profundamente vinculadas. Veja-se a seguir como.

CRISE DA ECONOMIA: A QUEDA TENDENCIAL DA TAXA DE LUCRO

A chave para o estudo da crise capitalista era, para Gramsci, a lei da queda tendencial da taxa de lucro. Em sua abordagem dessa lei deixou claro que o que lhe interessava eram os desenvolvimentos de longo prazo da economia capitalista e não as rápidas oscilações econômicas. Desenvolvimentos estes que são cruzados pela política, pelos choques entre as classes, pelas guerras e revoluções, configurando-os e reconfigurando-os, atualizando-os e reatualizando-os continuamente. Daí que destacasse o caráter tendencial dessa lei, como se verá mais adiante.

---

3   Às observações de Gramsci seria possível acrescentar que as revoluções de 1848 eclodiram quando o pior da crise agrícola de 1846 e 1846 havia passado, a produção estava aumentando e os preços caindo.

O ponto de partida deste comentário será uma retomada da análise marxiana da queda tendencial da taxa de lucro e uma rápida descrição das variáveis envolvidas no processo de trabalho. Mercadoria e dinheiro, formas elementares sob as quais se apresenta o capital, não são capital *em* e *para si*. Só a partir de determinadas premissas se transformam em capital, assim como só sob determinadas premissas o possuidor de mercadorias e de dinheiro se transforma em um capitalista. A economia clássica incorreu frequentemente no erro de considerar essas formas elementares como capital.

No ponto de partida da formação do capital, ele existe como dinheiro, como soma de valores de troca. Mas este dinheiro deve valorizar-se, o valor de troca deve gerar mais valor de troca. Ou seja, o valor existente deve gerar um valor a mais, um mais-valor. A soma inicial de dinheiro é capital tão somente quando é gasta de tal forma que tenha como finalidade seu crescimento. A finalidade do processo é a transformação de x em $x + \Delta x$. Nas palavras de Marx, "a produção de mais-valor – que compreende a conservação do valor adiantado inicialmente – se apresenta, assim, como o fim determinante, a força diretiva e o *resultado final* do processo de produção capitalista, como aquilo em virtude do que o valor original se transforma em capital" (Marx, 1990, v. 1, p. 976).

Tem-se que, nesse processo, x se apresenta como a soma de uma magnitude constante c, a parte do capital (C) que foi transformada em máquinas, edifícios, matérias-primas, ferramentas etc., cujo valor é conservado no processo produtivo, e uma magnitude variável v, a parte do capital que o capitalista emprega para adquirir a força de trabalho e que pode gerar um valor adicional. Daqui, se pode deduzir o seguinte:

1) $\Delta (c + v) = c + (v + \Delta v)$, e como a diferença de c = 0, tem-se que $\Delta (c + v) = (v + \Delta v) ==> \Delta x = \Delta v$.

2) Como $C = c + v ==> \Delta C = \Delta v$.

3) Taxa de mais-valia, ou taxa de exploração, é a proporção na qual cresceu v [$= \Delta v/v$] e taxa de lucro a proporção na qual cresceu C [$= \Delta v/(c + v)$].

A massa de mais-valor Δv e a taxa de exploração $\Delta v/v$ podem ser elevadas de duas maneiras: diretamente, estendendo jornada de trabalho, de maneira que o tempo de trabalho excedente aumente de forma direta; e indiretamente, reduzindo o tempo de trabalho necessário v, de tal modo que o trabalho excedente Δv aumente, para tanto podem ser reduzidos os salários reais ou incrementada a produtividade do trabalho.

Essa taxa de mais-valor expressa a divisão da jornada de trabalho em tempo de trabalho necessário à reprodução da força de trabalho e tempo de trabalho excedente. Ela mede o grau de exploração dos trabalhadores produtivos. Mas para o capitalista o ponto de referência é a taxa de lucro $\Delta v/(c + v)$, ou seja, o grau de rentabilidade do capital. O resultado de Δv quando comparado como o investimento inicial é a medida do sucesso do capitalista, é ele que regula a acumulação do capital (Shaik, 1991, p. 282).

É aqui que têm lugar os conflitos entre a burguesia e o proletariado que se traduzem no processo produtivo em uma luta pelo excedente. Mas também têm lugar os conflitos intraclasse. Afinal, não se pode esquecer que "se todos os membros da burguesia moderna têm o mesmo interesse, enquanto formam uma classe frente a outra classe, eles têm interesses opostos, antagônicos, enquanto se defrontam entre si. Esta oposição de interesses decorre das condições econômicas da sua vida burguesa" (MECW, v. 6, p. 176).

São essas *"condições econômicas de sua vida burguesa"* a causa da permanente diminuição dos custos unitários de produção, de modo a ganhar pontos na batalha das vendas e obter ganhos extraordinários. A mecanização é o meio principal de elevar a produtividade do trabalho e reduzir os custos unitários, meio esse que surge do controle que o capitalista exerce sobre o processo de trabalho. A crescente utilização de meios de produção e de matérias-primas colocados em movimento no processo produtivo provoca um aumento do volume de capital constante c em relação ao conjunto do capital. Ou seja, se se tomar a relação $c/(c + v)$, denominada por Marx composição orgânica do capital, ver-se-á que ela tende a aumentar; uma parte cada vez maior do valor do produto final é proveniente dos meios de produção e uma parte cada vez menor do trabalho vivo. Ora, como a taxa de lucro é $\Delta v/(c + v)$, tem-se que um capital constante c crescente produz uma taxa de lucro decrescente. Essa queda da taxa de lucro devido ao aumento da composição orgânica do capital é o que Marx denominou lei da queda tendencial da taxa de lucro.

É conhecida a demonstração que Marx faz da queda tendencial da taxa de lucro nas primeiras páginas do capítulo XIII do terceiro livro de *O capital*. Supondo uma taxa de mais-valor fixa de 100%, ele desenha o seguinte quadro para um capital constante c crescente:

Capital constante	Capital variável	Mais-valor	Taxa de mais-valor	Taxa de lucro
50	100	100	100%	66,66%
100	100	100	100%	50,00%
200	100	100	100%	33,33%
300	100	100	100%	25,00%
400	100	100	100%	20,00%

A conclusão salta aos olhos: "a mesma taxa de mais-valor, sem necessidade de que varie o grau de exploração do trabalho, se expressa em uma taxa decrescente de lucro, na medida em que o valor do capital constante e, portanto, do capital total cresce juntamente com o volume material do capital constante" (Marx, 1990, v. 3, p. 317). E pouco mais adiante, reafirma: "este incremento gradual do capital constante em proporção ao variável, deve resultar necessariamente em um *decréscimo gradual da taxa geral de lucro*, dado que a taxa de mais-valor, ou o nível de exploração do trabalho pelo capital permanece o mesmo" (*idem*, p. 318).

Foi o que bastou. Um número significativo de comentadores, recorrendo ao volume I de *O capital*, onde é estudado o problema do mais-valor relativo identificou imediatamente uma contradição. Paul Swezzy é, desses comentadores, provavelmente o mais conhecido. Escreveu ele, depois de citar o volume I:

> a Parte IV do volume I ("A produção de mais-valia relativa") que compreende mais de 200 páginas é em grande parte dedicada a demonstrar a relação íntima ente a produtividade do trabalho e a taxa de mais-valor. Pareceria, portanto, que Marx não estava certo, mesmo em termos de seu próprio sistema teórico, ao supor uma taxa de mais-valor constante simultaneamente com uma crescente composição orgânica do capital. Uma elevação na composição orgânica do capital deve significar um aumento na produtividade do trabalho, e temos a própria palavra de Marx de que a produtividade maior é invariavelmente acompanhada de uma taxa maior de mais-valor. No caso geral, portanto, devemos supor que a crescente composição orgânica do capital se processa pari passu com uma crescente taxa de mais-valia (Swezzy, 1983, p. 89).

O mesmo argumento foi apresentado por Joan Robinson, para quem "a lei da tendência decrescente dos lucros, elaborada por Marx, consiste então, simplesmente, na seguinte tautologia: quando a taxa de exploração é constante, a taxa de lucro cai, à medida que aumenta o capital por pessoa". E reproduzindo a mesma observação de Swezzy, dispara o argumento definitivo: "essa proposição se destaca em surpreendente contradição com o restante da argumentação de Marx" (Robinson, 1964, 36).

Roman Rosdolsky (1989) alertou, de forma pertinente, que nas páginas seguintes do mesmo capítulo citado por ambos, Marx desenvolvia a possibilidade de uma taxa de mais-valor crescente. De fato, o decréscimo da taxa de lucro, na formulação marxiana, não depende da manutenção de uma taxa de mais-valor constante. Segundo escreveu Marx em *O Capital*:

> Com o progressivo declínio do capital variável em relação ao capital constante essa tendência leva ao crescimento da composição orgânica do capital total e o resultado direto disto é que a taxa de mais-valor, com o nível de exploração do trabalho permanecendo o mesmo ou mesmo aumentando se expressa em uma constante tendência à queda da taxa de lucro (Marx, 1990, v. 3, p. 319).

À medida que o argumento era desenvolvido, não só se tornava possível uma taxa de mais-valor crescente, como essa era considerada a hipótese mais provável:

> A taxa de lucro não diminui porque o trabalho se torna mais improdutivo e sim porque fica mais produtivo. O crescimento na taxa de mais-valor e a queda na taxa de lucros são simplesmente formas

particulares que expressam a crescente produtividade do trabalho em termos capitalistas (*idem*, p. 347).

Swezzy e Robinson demonstram uma tendência crescente à repetição de argumentos. Quase meio século antes, em 1899, Benedetto Croce havia formulado "objeções" semelhantes à teoria marxiana da queda tendencial da taxa de lucro em seu livro *Materialismo storico ed economia marxistica* (1942). Na cadeia, sem poder recorrer aos textos de Marx, obrigado a citar de memória, Antonio Gramsci formulou uma resposta extremamente eficaz ao problema. A resposta gramsciana tem como pressuposto uma apreciação do conjunto da obra de Marx:

> No escrito sobre a queda tendencial da taxa de lucro, há que observar um erro fundamental de Croce. Este problema está já colocado no tomo I da Crítica da economia política, ali onde se fala da mais-valia relativa e do progresso técnico como causa, precisamente, de mais-valor relativa; no mesmo ponto se observa como neste processo se manifesta uma contradição, pois enquanto por um lado o progresso técnico permite uma dilatação da mais-valor, por outro determina, pela mudança que introduz na composição do capital, a queda tendencial da taxa de lucro e isso está demonstrado no tomo III da Crítica da economia política (Q, p. 1.278).

O problema é colocado por Gramsci nos mesmos termos que Marx, ou seja, constata a existência de forças que se opõem à queda da taxa de lucro, atenuando ou freando sua velocidade. É a existência dessas forças o que definia o caráter tendencial da lei. Gramsci colocou o problema em uma dimensão histórica. A existência desse tipo de lei era própria do capitalismo e deveria ser associada "ao desenvolvimento da burguesia como classe concretamente mundial e, portanto, à formação de um mercado mundial já bastante 'denso' de movimentos complexos, para que dele possam ser isoladas e estudadas as leis não em sentido naturalista ou do determinismo especulativo, e sim em sentido 'historicista'" (Q, p. 1.247-1.248). Ou seja, era a crescente complexidade do mundo econômico o que impedia a formulação de leis absolutas e inapeláveis do desenvolvimento capitalista e obrigava a formular, juntamente com a tendência principal, aquelas outras forças que agiam em sentido contrário.

Apesar de ver claramente as tendências que operam contra a queda da taxa de lucro, Gramsci não incorria no erro muito frequente de igualar tendência e contratendência, uma anulando a outra. Era explícito ao afirmar o contrário, ressaltando que a insistência no adjetivo tendencial tinha sua importância

> quando a tendenciosidade se converte em uma característica organicamente relevante, como neste caso, no qual a queda da taxa de lucro é apresentada como o aspecto contraditório de outra lei, a da produção de mais-valor relativo, na qual uma tende a suprimir a outra, com a previsão de que a queda da taxa de lucro será predominante (Q, p. 1.279, grifos meus).

E, para não deixar lugar a dúvidas, ressaltou os limites impostos à contratendência expressa na produção de mais-valia relativa, limites dentre os quais merece destaque a "medida suportável de desemprego em uma determinada sociedade" (*idem*). O argumento é chave para responder àqueles que afirmam que o aumento da taxa de mais-valor poderia compensar indefinidamente o aumento da composição orgânica do capital. Tal afirmação está fundamentada em um argumento puramente "técnico". Se se tomar a taxa de lucro $\Delta v/(c +$

v) e dividirmos numerador e denominador por *v* teremos $(\Delta v/v)$ / $[(c/v) + 1]$. A taxa de lucro será, assim, inversamente proporcional à composição orgânica do capital e diretamente proporcional à taxa de mais-valia. Se a taxa de mais-valor aumentar na mesma proporção que a composição orgânica, a taxa de lucro não cairá mais.

O aumento na mesma proporção da composição orgânica e da taxa de mais-valor é, entretanto, inviável em longo prazo. Teoricamente a composição orgânica pode aumentar indefinidamente. Não há restrições, a não ser o bom senso do capitalista para tanto. A taxa de mais-valia, entretanto, tem um teto que é dado seja pelo mínimo necessário à reprodução da força de trabalho, seja pela duração da jornada, seja pelo máximo de desemprego. Marx já alertava no livro I para o fato e é extremamente significativo que Gramsci tenha sugerido uma leitura do problema no conjunto de *O capital*. Escreveu Marx, antecipando o problema da queda tendencial da taxa de lucros:

> O limite absoluto da jornada média de trabalho – que é sempre, naturalmente, inferior a 24 horas – opõe um *limite absoluto à possibilidade de compensar a diminuição do capital variável com uma taxa maior de mais-valor, ou o decréscimo do número de trabalhadores com um nível maior de exploração da força de trabalho. Esta auto-evidente segunda lei é importante para explicar muitos fenômenos que brotam da tendência, que mais tarde explicaremos, do capital a reduzir tanto quanto possível o número de operários por ele empregados, i. e. a quantia de sua componente variável, a parte a qual é invertida em forças de trabalho* (...), o que está em contradição com sua outra tendência: a de produzir a maior massa possível de mais-valor (Marx, 1990, v. 1, p. 420).

Ernest Mandel abordou um problema semelhante. Se na extensão da jornada tratava-se de aumentar Δv, quando se avança em direção à automatização completa trata-se de ver o comportamento do mais-valor frente a um capital variável v tendendo a zero:

> quando nos aproximamos da automatização completa, Δv – que não é uma proporção e sim uma massa absoluta – começa a declinar rapidamente juntamente com v, à medida que o número de assalariados e o número total de horas de trabalho diminuem abruptamente. Na realidade, em uma economia plenamente automatizada, o mais-valor desapareceria completamente, na medida em que teriam desaparecido os insumos de trabalho vivo do processo de produção. De modo que seria absurdo considerar formalmente uma "taxa de mais-valor" 0/0, quando o mais-valor não mais existiria (Mandel, 1985, p. 185).

Eppur si muove. E no entanto, limitada acima e abaixo, confrontando uma composição orgânica que não sofre restrições de ordem natural, a contratendência opera, atrasando, moldando, reconfigurando uma crise que não depende unicamente de mecanismos automáticos para se realizar.

Tais tendências e contratendências encontraram-se no centro da análise que Gramsci fez das crises, e em particular do grande *crack* de 1929. Tendo como referencial teórico a queda tendencial da taxa de lucro, mas procurando evitar uma abordagem mecanicista da crise de 1929, Gramsci enfatizou três pontos: "1) que a crise é um processo complicado; 2) que tem início, pelo menos, com a guerra, embora esta não seja a primeira manifestação; 3) que a crise tem origem interna, no modo de produção e de troca e não em fatos políticos e jurídicos" (Q. p. 1.576).

ARQUEOMARXISMO

Vale a pena retomar, mesmo brevemente, o conceito de conjuntura que Gramsci utiliza. Duas são as passagens dos *Cadernos* onde este tema é tratado de forma explícita. Primeira passagem:

> Conjuntura. Origem da expressão: serve para compreender melhor o conceito. Em italiano = flutuação econômica. Ligada aos fenômenos do pós-guerra muito rápidos no tempo. (Em italiano o significado de "ocasião [econômica] favorável" ficou para a palavra "conjuntura": a conjuntura seria o conjunto de características imediatas e transitórias da situação econômica e para este conceito haveria que entender, então, as características mais fundamentais e permanentes da própria situação. O estudo da conjuntura está, pois, mais estreitamente ligado à política imediata, à "tática" [e à agitação], enquanto que a "situação" está ligada à "estratégia" e à propaganda, etc.). (Q p. 797).

Segunda passagem:

> a conjuntura pode ser definida como o conjunto de circunstâncias que determinam o mercado em uma dada fase, se estas circunstâncias são concebidas como em movimento, isto é, como um conjunto que dá lugar a um processo de sempre novas combinações, processo que é o ciclo econômico. Estuda-se a conjuntura para prever e consequentemente também determinar, dentro de certos limites, o ciclo econômico em um sentido favorável aos negócios. Por essa razão a conjuntura foi também definida como a oscilação da situação econômica, ou o conjunto das oscilações (Q p. 1774).

Vê-se que nestas duas passagens a *conjuntura* diz respeito àquelas rápidas flutuações próprias do ciclo econômico. Distingue-se do conceito de *situação*, utilizado por Gramsci para destacar aqueles processos que se desenvolvem no longo prazo. Ora, na análise da crise de 1929 realizada pelo marxista italiano ela aparece como um processo de longo prazo no qual múltiplas tendências e contratendências operam, prevalecendo a tendência ao decréscimo da taxa de lucro, ou seja, a crise era um processo que se desenvolvia em uma situação, atualizando-se ao longo de diversas conjunturas. A crise de 1929 era a intensificação

> quantitativa de certos elementos, nem novos nem originais, mas especialmente a intensificação de certos fenômenos enquanto outros que apareciam primeiro e operavam simultaneamente aos primeiros, imunizando-os, tornam-se inoperantes ou desaparecem totalmente. Resumindo, o desenvolvimento do capitalismo se dá através de uma "crise contínua", se tal é possível dizer, isto é, um movimento rapidíssimo de elementos que se equilibravam e imunizavam. Em certo ponto nesse movimento, alguns elementos passam a prevalecer, outros desaparecem ou tornam-se estéreis no quadro geral (Q, p. 1756-1757).

A noção do desenvolvimento do capitalismo como o desenrolar de uma "crise contínua" é da máxima importância. Ela permite trabalhar com a ideia de uma resposta capitalista à crise do capitalismo. Mas para além da resposta capitalista ela permite também definir a debilidade do próprio capitalismo e as possibilidades que se abrem para sua superação, ou seja, a resposta operária.

Crise do Estado: hegemonia em crise

Se bem não seja possível deduzir a crise política da crise econômica, fica claro que entre elas há um vínculo profundo. A crise econômica cria um "terreno favorável" para a crise política na medida em que ela compromete as bases materiais para a construção do consenso e da legitimação da ordem burguesa. A absorção das demandas não antagônicas das classes subalternas, necessária para a constituição desse consenso, torna-se, assim, um processo árduo e raramente completado de maneira eficaz.

Ora, a dificuldade para articular o consenso é justamente uma das características da crise do Estado liberal. Gramsci dedicou longas páginas a traçar a biografia desse Estado liberal de modo a identificar a origem dessa crise. Em sua forma clássica de constituição, aquela promovida pela Revolução Francesa, o novo Estado nasceu da unificação da burguesia sob a bandeira de um partido, o jacobino. E embora possa se afirmar que esse partido levou a burguesia mais longe do que ela própria desejaria, o fato é que através dos jacobinos ela se tornou governo.

Mas os jacobinos fizeram mais do que transformar a burguesia em governo, ou seja, em classe dominante. Fizeram dela uma classe nacional dirigente e hegemônica, aglutinando ao redor dela as forças vivas da França, recriando a própria nação e o Estado, dando-lhes um conteúdo moderno. A realização da hegemonia através da revolução é o que Gramsci chamou o "jacobinismo de conteúdo".

O "jacobinismo de conteúdo" foi marcado pelo máximo desenvolvimento das energias privadas nacionais, ou seja, pela constituição e fortalecimento da sociedade civil e pela criação de uma ampla rede de instituições através da qual o consenso era permanentemente organizado. Consenso que era de caráter moral e ético, já que voluntário. Daí que os jacobinos insistissem tanto na identidade entre o governo e a sociedade civil, procurando unificar no Estado, de maneira ditatorial, toda a vida política nacional (Q, p. 763).

A constituição desse moderno Estado teve como pressuposto, então, o alargamento da base histórica do próprio Estado. Para realizar sua hegemonia sobre toda a população, a burguesia incorporou demandas, realizou as aspirações da nação, assimilou economicamente grupos sociais, transformou sua cultura na cultura de toda a sociedade. O alargamento da base histórica do Estado foi, assim, acompanhado pela expansão da própria burguesia. Para Gramsci, o regime jurídico parlamentar é o resultado desse processo de expansão:

> O desenvolvimento do jacobinismo (de conteúdo) e da fórmula da revolução permanente, aplicada na fase ativa da Revolução Francesa, encontrou seu "aperfeiçoamento" jurídico constitucional no regime parlamentar, que realiza, no período mais rico de energias "privadas" na sociedade, a hegemonia permanente da classe urbana sobre toda a população, na forma hegeliana de governo do consenso permanentemente organizado (mas a organização do consenso é deixada à iniciativa privada; é, portanto, de caráter moral ou ético, já que o consenso, de um modo ou de outro, é dado "voluntariamente") (Q₄ p. 1636).

A Revolução Francesa serviu para o marxista sardo como contraponto para estudar o presente e principalmente aquele de seu país, a Itália. Quando Gramsci escrevia na prisão, a crise do Estado liberal já se tornara voz corrente. A guerra havia evidenciado o esgotamento dessa forma de organização política e os tempos de paz que lhe sucederam não estavam dando provas de que ele seria superado.

Os impulsos hegemônicos que sob os jacobinos pareciam inesgotáveis haviam em grande parte se exaurido. Aquela capacidade que a burguesia havia demonstrado em seus primórdios de absorver toda a sociedade, assimilando-a cultural e economicamente, ou seja, dirigindo-a e exercendo sua hegemonia, tornou-se cada vez mais escassa. A escassa capacidade de assimilação acabou atingindo a própria burguesia, que sacrificou uma parte de si mesma. A direção que uma classe exercia sobre toda a sociedade transformou-se, assim, no domínio de uma fração dessa classe sobre toda a sociedade através da mediação do Estado. Nesse contexto, o Estado perdeu sua função de "educador", seu conteúdo ético foi esvaziado e ele foi reduzido ao aparelho governativo, colonizando a sociedade civil. O projeto jacobino de identidade entre governo e sociedade civil foi realizado da pior maneira possível.

Gramsci observou atentamente este processo, identificando-o à crise do Estado liberal. Percebeu, em primeiro lugar, a perda da capacidade dirigente da burguesia. Ela, afirmou, "é 'saturada': não só não se difunde como se desagrega; não só não assimila novos elementos, como desassimila uma parte de si própria (ou ao menos as desassimilações são mais numerosas que as assimilações)" (Q, p. 973).

Sem poder assimilar a sociedade, a capacidade burguesa de articular o consenso e a legitimidade da ordem foi abalada. Abre-se, então, uma situação de contraste entre representados e representantes. Em momentos como esse os grupos sociais se afastam de suas organizações tradicionais, ou seja, essas organizações e seus líderes não são mais reconhecidos como expressão própria de sua classe ou fração, comprometendo de forma decisiva a capacidade dirigente desses grupos. Gramsci chamou esses processos de "crise de hegemonia, ou crise do Estado no seu conjunto" (Q, p. 1603).

A crise de hegemonia é, assim, uma crise do Estado e das formas de organização política, ideológica e cultural da classe dirigente. O aspecto mais visível é a crise dos partidos e das coalizões governamentais:

> Trata-se, na verdade, da dificuldade de construir uma direção política permanente e de longo alcance, não de qualquer dificuldade. A

análise não pode deixar de examinar: 1) porque houve a multiplicação dos partidos políticos; 2) porque tornou-se difícil formar uma maioria permanente entre estes partidos parlamentares; 3) do por que, ainda, os grandes partidos tradicionais têm perdido o poder de guiar, o prestígio etc. (Q, p. 1808).

A divisão dos partidos e as crises internas que os atravessam são, assim, manifestação dessa crise. A dificuldade de compor uma direção estável e os choques permanentes entre as diferentes classes reproduzem nos partidos os mesmos problemas encontrados no governo e no parlamento. Nos choques entre as diferentes frações e partidos, a corrupção encontra terreno fértil para se desenvolver. Cada fração considera a si mesma a única com condições de superar a crise do partido, assim como cada partido considera-se o único capaz de superar a crise da nação. Os fins passam a justificar os meios.

A crise não se limita, entretanto, aos partidos e ao governo. Ela é uma crise do Estado em seu conjunto, ou seja, processa-se, também, no nível da sociedade civil, onde as classes dirigentes tradicionais passam a manifestar sua crescente incapacidade de dirigir toda a nação. A burocracia, a alta finança, a Igreja e todos aqueles organismos relativamente independentes da opinião pública têm suas posições reforçadas no interior do Estado (Q, p. 1603). A repercussão da crise no conjunto do Estado pode provocar, dessa forma, o "deslocamento da base histórica do Estado" e a supremacia do capital financeiro (Q, p. 876).

A característica fundamental da crise de hegemonia não é o "vazio de poder", que a rigor poderia ser ocupado por qualquer um, até mesmo por um aventureiro ou um grupo deles. A crise de hegemonia se caracteriza, antes de tudo, por uma *multiplicidade de poderes*. É claro que essa situação não pode se prolongar indefinidamente. Sem

ARQUEOMARXISMO

nenhuma capacidade dirigente, a burguesia ou frações dela podem ser deslocadas do poder, deixando de ser dominantes.

Quais são as razões que levam ao surgimento de uma crise dessas proporções? O que faz com que a capacidade dirigente de uma classe seja abalada de maneira tão profunda? Para Gramsci, a crise de hegemonia da classe dirigente ocorreria

> ou porque a classe dirigente fracassa em determinado grande empreendimento político pelo qual pediu ou impôs pela força o consentimento das grandes massas (como a guerra), ou porque amplas massas (especialmente camponeses e de pequenos burgueses intelectuais) passaram de repente da passividade política a certa atividade e apresentaram reivindicações que, no seu complexo desorganizado, constituem uma revolução (*idem*).

A crise tem, portanto, em sua origem, uma profunda modificação das relações de forças entre as classes. O tema é detalhado na análise gramsciana da crise do Estado liberal após a guerra de 1914-1918, ganhando contornos históricos mais concretos. O aparelho hegemônico dos grupos dominantes desagregou-se:

> 1) porque grandes massas, anteriormente passivas, entraram em movimento, mas em um movimento caótico e desordenado, sem direção, isto é, sem vontade política coletiva precisa; 2) porque as classes médias que na guerra tiveram uma função de comando e responsabilidade foram privadas delas com a paz, ficando desocupadas justamente depois de terem feito uma aprendizagem de comando, etc.; 3) porque as forças antagonistas foram incapazes de organizar em seu proveito esta desordem real (Q, p. 912-913).

A crise é, portanto, definida pelas lutas que opõem as classes umas às outras, lutas nas quais os diferentes projetos alternativos vão se desenhando e aglutinando defensores. É afirmada pela ruptura da passividade de certos grupos sociais e pela sua entrada ativa no cenário político, desequilibrando arranjos de poder que tendiam a excluir esses grupos. O "fenômeno sindical" tem um papel chave na configuração dessa crise do Estado. Ele marca a passagem de grupos sociais novos que até então não tinham uma "voz ativa" a uma posição de destaque (Q_4 p. 1808 e 1824).

O parlamento, local de mediação dos conflitos no Estado liberal, mostrou-se incapaz de absorver estes novos atores. A expansão dos partidos social-democratas e comunistas e a massificação dos sindicatos e da imprensa operária ocorria, em grande medida, fora da arena parlamentar. A incorporação dessas forças ao parlamentarismo permitiu, em algumas oportunidades, bloquear provisoriamente essa expansão, como na Alemanha de Weimar. Mas essa incorporação não era feita de maneira tranquila e, muitas vezes, trazia mais problemas do que resolvia.

A ascensão desses novos atores não definia, para Gramsci, todo o conteúdo da crise. É preciso ter em mente a forma sob a qual essa ascensão ocorreu. As classes subalternas ainda não possuíam uma direção capaz de colocar-se à frente de seu movimento e imprimir a ele um conteúdo claramente transformador. A crise não atingia apenas a burguesia e o parlamento. Ela era, também, uma crise de direção das classes subalternas, que não conseguiam impor seu projeto hegemônico, muito embora conseguissem desarticular a hegemonia das classes dominantes. Era, para usar uma terminologia cunhada por Trotsky, mas também presente em Gramsci, uma crise de direção que atingia de maneira combinada, mas desigual, tanto a burguesia como o proletariado.

Encontrar a solução orgânica para essa crise não é simples. Ela exige a unificação de um grande número de partidos sob a bandeira de um só, "que melhor representa e resume as necessidades de toda a classe" (Q, p. 1604). As tentativas são inúmeras. A crise é um processo de longo prazo no qual se desenvolvem permanentemente experiências visando sua superação. Partidos alinham-se e realinham-se, blocos são formados e dissolvidos. Líderes são criados e depostos. A velocidade desses processos pode surpreender, o ritmo é rápido e fulminante se comparado com os tempos normais. Mas a crise, é verdade, acelera essa dimensão, recriando a noção de tempo. A cada tentativa de resolução dessa crise ela cobra um novo desenho. O fracasso dessas tentativas não conduz, entretanto, ao ponto de origem. Ganhos e perdas são contabilizados por cada grupo ou fração. Caso contrário a catástrofe seria iminente. E sabe-se muito bem que ela não é.

As possibilidades de articular um projeto alternativo ou de alinhar defensores atrás desses projetos criando tentativas de resolução da crise são, entretanto, assimétricas. As classes dirigentes tradicionais, ao contrário das classes subalternas, contam com grande número de intelectuais, numeroso pessoal especializado capaz de formular esses projetos e organizar seus defensores. Pode mudar de pessoal dirigente, de programa e mesmo de partido de modo a oferecer, rapidamente, uma saída para a crise. Não raro, constroem a unidade que até então parecia impossível que atingissem, perfilando-se sob a direção do partido que melhor encarna as necessidades de toda a classe naquele momento. E as necessidades, nessas ocasiões, não são outras que a superação da própria crise.

Mas mesmo tendo condições mais favoráveis para decidir rapidamente o conflito a seu favor, as classes dirigentes tradicionais nem sempre o conseguem. Isso ocorre quando já amadureceram contradições na estrutura que as classes sociais – que atuam para conservá-la e defendê-la – não conseguem resolver, ao mesmo tempo em que as classes que lutam pela sua transformação profunda não conseguem tornar-se dirigentes.[4]

Colocado de tal maneira o problema, tem-se que a crise de hegemonia não é definida automaticamente pela crise econômica. A crise econômica, tomada em seu sentido amplo como crise de acumulação resultante da queda tendencial da taxa de lucro, pode ser pressuposta da crise de Estado. Mas ela não põe, por si própria, a crise de hegemonia. Quando a crise econômica e a crise de hegemonia coincidem no tempo tem-se o que Gramsci chama de *crise orgânica,* uma crise que afeta o conjunto das relações sociais e é a condensação das contradições inerentes à estrutura social (Poulantzas, 1976, p. 10). Para a eclosão dessa *crise orgânica* é preciso a coincidência dos tempos dessa crise de acumulação com o acirramento dos choques entre as classes, e no interior delas próprias entre suas frações.

Na definição da crise, atribuí-se, juntamente com Gramsci, um lugar especial às classes subalternas. Procedeu-se, portanto, em sentido inverso a uma literatura muito difundida atualmente, que apresenta a

---

4 "O aspecto da crise moderna que é lamentado como 'onda de materialismo' está vinculado àquele que se chama 'crise de autoridade'. Se a classe dominante perdeu o consenso, isto é, não é mais 'dirigente' mas unicamente dominante, detentora da pura força coercitiva, isto significa justamente que as grandes massas se separam das ideologias tradicionais, não crêem mais em tudo o que acreditavam antes, etc. A crise consiste precisamente no fato de que o velho morre e o novo não pode nascer: neste interregno se verificam os fenômenos mórbidos mais variados" (Q, p. 311).

crise como resultado da contradição entre um padrão de acumulação (do qual a burguesia seria portadora) e a forma estatal. A crise e sua solução não são um processo de desagregação e reconstrução de uma "vontade capitalista", processo no qual as classes subalternas ocupariam um papel passivo (Portantiero, 1987, p, 148).

Procurou-se demonstrar que a crise é o produto dos choques existentes entre as classes sociais e entre essas classes e a forma estatal das classes dominantes. Ela é o resultado "de um tipo de articulação global entre Estado e sociedade e não somente entre Estado e classes dominantes" (*idem*).

São esses choques, os avanços e retrocessos de cada grupo social, os que irão moldar as possibilidades de superação dessa crise. Pois se Gramsci se detém na análise da crise é porque está preocupado com as formas através das quais tais crises deixam de ser presente e se transformam em passado.

7

REVOLUÇÃO PASSIVA:

O PRETÉRITO DO FUTURO

A obra de Antonio Gramsci já parece ter sido tão discutida que dispensaria um novo estudo sobre o tema. Desde a publicação, no imediato pós-guerra, dos cadernos que escreveu na prisão, a literatura sobre o tema cresceu de modo exponencial. Embora extremamente diversificada, essa literatura foi, entretanto, em sua maioria marcada pela interpretação do pensamento de Antonio Gramsci difundida pelo Partido Comunista Italiano nos primeiros anos do pós-guerra. Já o prefácio de *Il materialismo storico e la filosofia di Benedetto Croce*, o primeiro dos volumes publicados com os escritos do cárcere, reforçava o sentido dessa reconstrução, definindo os escritos ali reunidos como "o coroamento de toda a pesquisa conduzida por Gramsci nos anos de prisão, a justificativa teórica, filosófica da impostação dada ao problema dos intelectuais e da cultura" (Gramsci, 1984, p. XVI). Desse modo, Gramsci era justificado para o público externo como digno representante da cultura italiana, no sentido estrito da expressão.

Era necessária, entretanto, uma justificação perante o movimento comunista internacional. Assim, de modo contraditório, nesse mesmo prefácio era possível ler: "Esses escritos de Gramsci não poderiam ser avaliados e compreendidos de modo adequado, se não tivessem sido adquiridos os progressos realizados pela concepção marxista nas três primeiras décadas deste século, devido à atividade teórica e prática de Lenin

154 ALVARO BIANCHI

e Stalin" (*idem*). A afirmação repete o grosseiro retrato construído por Palmiro Togliatti no artigo "*Il capo della classe operaia italiana*", publicado em *Lo Stato operaio* em 1937, na qual Gramsci aparecia (e perecia) portando a "bandeira invencível de Marx-Engels-Lenin-Stalin" (Togliatti, 1972, p. 36). Para o secretário-geral do PCI, Gramsci não apenas seria um portador desse estandarte como um discípulo teórico de Stalin:

> Gramsci desenvolveu, de 1924 a 1926, uma atividade excepcional. São deste período os escritos de Gramsci dedicados principalmente a elucidar as questões teóricas da natureza do partido, de sua estratégia, de sua teórica e de sua organização, nos quais se sente mais forte a influência profunda exercida sobre ele pela obra de Stalin (*idem*, p. 30).

No contexto da difusão da obra da Gramsci no imediato pós-guerra, essa imagem permitia transformá-lo em um antecessor da "via italiana para o comunismo". Assim, Togliatti, no 20º aniversário da morte de Gramsci, pronunciou em discurso no Comitê Central que o PCI "soube compreender e seguir o ensinamento de seu fundador, recolheu sua herança e nela tem tido fé." O contexto do discurso é de grande importância, pois apenas um ano antes, em seu 8º Congresso, o PCI havia formulado politicamente a especificidade dessa via e afirmado uma estratégia de avanço democrático em direção ao socialismo. A herança gramsciana se expressaria, assim, na nova política reformista do PCI, "a nossa estratégia [do PCI] e nossa tática, na luta pelo desenvolvimento da democracia italiana em direção ao socialismo" (*idem*, p. 131).[1]

---

1 Para Carlos Nelson Coutinho, a particularidade do pensamento político de Gramsci residiria em uma concepção da transformação social na qual "a ideia de um choque frontal com o Estado" cederia lugar à "ideia de uma 'longa marcha' através das

ARQUEOMARXISMO

Foi a partir dessa leitura que alguns intérpretes apropriaram-se do conceito gramsciano de revolução passiva, atribuindo-lhe um significado programático. A ideia que esse conceito pretendia expressar na obra de Gramsci, de uma transformação molecular (gradual e reformista) da sociedade, converteu-se, assim, para tais intérpretes, em estratégia política das classes subalternas, que deveria apropriar-se dessa forma do movimento político da burguesia com o intuito de subvertê--la, invertê-la ou modulá-la.[2] A estratégia gramsciana caminhava, entretanto, no sentido oposto dessa positivação. É uma estratégia de antirrevolução passiva. É esta a tese apresentada neste artigo.

A HISTÓRIA COMO POLÍTICA: DE MARX A GRAMSCI

A obra de Gramsci tem uma dimensão história e historiográfica que precisa ser destacada para uma adequada compreensão de seu pensamento. Tal dimensão se revela de modo intenso em uma tenaz tentativa de fusão entre aqueles materiais da obra de Marx que resultaram da reflexão metodológica (como, por exemplo, o "Prefácio de 1859" e *Miséria da filosofia*) e os que provêm da análise histórica e política concreta (principalmente *O 18 brumário de Luís Bonaparte*). A

---

instituições da sociedade civil". Notável na reconstrução de Coutinho é o fato de que, no capítulo que dedica à estratégia socialista em Gramsci em um livro dedicado ao pensamento deste, comece com o marxista sardo, mas rapidamente passe a Palmiro Togliatti, Giorgio Amendola, Pietro Ingrao e outros dirigentes do PCI (cf. Coutinho, 1999, p. 157-164).

2 Para a ideia da "subversão" da revolução passiva, cf. Christine Buci-Glucksmann (1978). Alberto Aggio (1999) defende a tese da "inversão". A noção de "modulação" encontra-se em Luiz Werneck Vianna (1997). Carlos Nelson Coutinho (1999, p. 220-223), entretanto, tem se manifestado contrário a essa positivação da revolução passiva.

156 ALVARO BIANCHI

operação realizada por Gramsci com o objetivo de afirmar uma leitura não economicista dos textos metodológicos de Marx foi levada a cabo através da mediação de seus textos históricos. Repetidas vezes, ao formular sua crítica à filosofia de Benedetto Croce, Gramsci afirmou a necessidade de avaliar o pensamento deste "não pelo que pretende ser e sim pelo que realmente é e se manifesta nas obras históricas concretas" (Q, p. 1210 e 1235).

A fórmula repetia uma afirmação realizada anteriormente, num contexto muito mais esclarecedor para os problemas aqui tratados. Logo depois de criticar a pretensão de derivar toda flutuação política e ideológica como uma expressão imediata da estrutura, Gramsci recomendou combatê-la com as obras políticas e históricas concretas. E ressaltou: "para isso são importantes, especialmente, o *18 Brumário* e os escritos sobre a *Questão oriental*, mas também outros (*Revolução e contrarrevolução na Alemanha,*[3] *A guerra civil na França* e menores)" (Q, p. 871-872). Gramsci é categórico ao afirmar que uma análise dessas obras permite definir melhor "a metodologia histórica marxista, integrando, iluminando ou interpretando as afirmações teóricas dispersas em todas as obras" (*idem*).

O ponto de partida desse empreendimento gramsciano foi uma interpretação inovadora do famoso "Prefácio" que Marx escreveu em 1859 para a *Contribuição para a crítica da economia política*. A escolha desse texto como ponto de partida já é em si surpreendente. É sabido

---

3   Durante muito tempo acreditou-se que *Revolução e contrarrevolução na Alemanha* fosse da autoria de Marx. A obra, na verdade, foi escrita por Engels, a pedido de Marx, e publicada entre 1851 e 1852 no *New York Daily Tribune*, onde Marx era correspondente. Somente em 1913, depois da publicação da correspondência de Marx e Engels, foi descoberta a verdadeira autoria desse texto. Portanto, quando Gramsci atribui a autoria a Marx no Quaderno 7 (1930-1932), já se havia desfeito esse equívoco.

ARQUEOMARXISMO

que a crueza das fórmulas contidas nele foram apropriadas dogmaticamente por parte do nascente movimento socialista, consolidando uma versão economicista e evolucionista do marxismo na Segunda Internacional. Fácil seria rotular o "Prefácio" como algo estranho ao corpo teórico da obra de Marx e resumir sua teoria àquelas passagens depuradas de toda contaminação. Mais difícil é proceder a uma reconstrução da teoria de Marx *por meio desse texto*, elucidando os nexos existentes com o conjunto do pensamento, de modo a rejeitar o economicismo e o determinismo.

Esse último foi o caminho seguido por Antonio Gramsci. André Tosel, em um curto e instigante artigo de polêmica com François Furet, assinalou que Gramsci interpretou as fórmulas presentes no "Prefácio de 1859" demonstrando que elas contêm "princípios, os do materialismo histórico, que asseguram um contato com a especificidade do processo revolucionário" (Tosel, 1994, p. 42). Esses princípios, resgatados por Gramsci e citados de memória em sua nota *"Analisi delle situazioni – rapporti de forza"*, são os seguintes:

> 1) o de que nenhuma sociedade assume encargos para cuja solução ainda não existam as condições necessárias e suficientes, ou que pelo menos não estejam em vias de aparecer e se desenvolver; 2) o de que nenhuma sociedade se dissolve e pode ser substituída antes de desenvolver e completar todas as formas de vida implícitas nas suas relações (verificar o exato enunciado destes princípios) (Q, p. 1578).

A passagem guarda certa distância do texto original de Marx, muito embora Gramsci tenha anexado, à margem do manuscrito, uma tradução literal realizada por ele próprio. Que a citação foi feita recorrendo inicialmente à memória é evidente pela própria observação recomendando consultar o texto original. Mas as modificações não podem ser

158 ALVARO BIANCHI

creditadas unicamente às lacunas da memória e sua interpretação é útil para esclarecer certos pontos do pensamento gramsciano. Vale a pena, portanto, comparar essa passagem com o texto de Marx:

> Jamais uma sociedade desaparece antes de desenvolver todas as forças produtivas que ela é capaz de conter; nunca relações de produção superiores lhe substituem antes que as condições materiais de sua existência se produzam no próprio seio da velha sociedade. É por isso que a humanidade nunca se coloca problemas que não seja capaz de resolver: considerando melhor as coisas, descobrir-se-á sempre que o problema só surgiu quando as condições materiais para resolvê-lo já existiam ou estavam em vias de aparecer (MECW, v. 29, p. 263).[4]

As diferenças entre os textos foram já apontadas por Nicola Badaloni (1978, p. 27-28) e saltam aos olhos. Ao invés de "forças produtivas", Gramsci utilizou a expressão "formas de vida" e aquilo que Marx chama de "condições materiais de existência" apareceu no texto gramsciano como "condições necessárias e suficientes". O tema era recorrente em Gramsci e o "Prefácio de 1859" foi citado outras vezes, fazendo referências às "condições necessárias e suficientes" e "formas de vida" (Q, p. 455); às "condições [premissas] necessárias e suficientes" e "possibilidades de desenvolvimento" (*idem*, p. 869); e às "condições necessárias" e "forças produtivas" (*idem*, p. 1774). "Relações de produção novas e superiores", por sua vez, não aparece no texto do marxista italiano.[5]

---

4   A tradução completa do "Prefácio de 1859" por Gramsci encontra-se nos extratos dos cadernos de traduções (Q, p. 2358-2360).

5   Apenas uma vez, é citado textualmente o texto de Marx destacando "as condições materiais" e as "forças produtivas" (*idem*, 1422). Analisei extensamente essas passagens em Bianchi (2008).

Para interpretar essa passagem do texto gramsciano e sua relação com o prefácio de Marx, Badaloni ressaltou o vínculo existente entre os dois "princípios" destacados por Gramsci e seu objeto: "a crítica da política" (Badaloni, 1978, p. 28). Para Gramsci, os dois princípios de interpretação da crise haviam se transformado em regras interpretativas de uma realidade que já se encontrava marcada pela crise. A ordem do enunciado gramsciano tem sua importância e não é demais destacar que estão em posições inversas às utilizadas por Marx. A primeira dessas regras produz otimismo e confiança. Ela indica a possibilidade de superação da ordem vigente. A segunda inspira temor e prudência. Alerta que a superação antes enunciada não ocorre de forma mecânica e sem resistência e "induz o político a não levar em conta apenas a energia que a sua 'parte' pode desenvolver, mas também os impulsos hegemônicos que o adversário também pode emitir" (*idem*). Em outro artigo, Badaloni destacou que, no resumo gramsciano, o problema "torna-se mais geral e é visto pelo lado da subjetividade", o que pode ser apreciado pela utilização do termo "formas de vida", que Gramsci usa de modo bastante frequente (Badaloni, 1991, p. 47).

As observações de Badaloni, embora não esgotem o tema, nos fornecem importante ponto de apoio para uma adequada interpretação da apropriação gramsciana do prefácio de 1859. As opções terminológicas de Gramsci tinham grande importância. Ao eliminar a palavra "material", ele afastava a estrutura desse nível da análise, justamente o nível que indicava o momento da passagem a outra formação social, o momento no qual esse "problema" era colocado historicamente.

Ora, se forem seguidas as indicações de Tosel, para quem esses dois princípios são "o princípio objetivo da contradição entre relações de produção e forças produtivas, o princípio subjetivo da maturação das condições ideológico-políticas de solução da contradição" (1994, p. 42), ver-se-á que a modificação introduzida pelo marxista italiano diz respeito justamente ao princípio subjetivo. Trata-se de *revalorizar*, no texto marxiano, o lugar ocupado pela intervenção humana, introduzindo o tema da vontade. O próprio Gramsci explicitou o problema ao afirmar

> a proposição de que "a sociedade não coloca diante de si problemas para cuja solução ainda não existam as premissas materiais". É o problema da formação de uma vontade coletiva que depende imediatamente desta proposição. Analisar criticamente o significado da proposição implica indagar como se formam as vontades coletivas permanentes, e como tais vontades se propõem objetivos imediatos e mediatos concretos, isto é, uma linha de ação coletiva (Q, p. 1057).

Interpretado desta forma, o "Prefácio de 1859" tinha seu conteúdo revalorizado. O resultado desse rearranjo do texto marxiano de modo a destacar aquilo que era o seu "núcleo racional" é uma poderosa ferramenta de análise capaz de elucidar as conexões existentes entre estrutura e superestrutura. De Felice destacou que o recorrente apelo de Gramsci ao "Prefácio de 1859", justamente aquele texto que era tomado como ponto de partida de toda a leitura evolucionista e economicista por boa parte das correntes marxistas da época, mostra que sua elaboração inscrevia-se em um debate internacional sobre o nó teoria-movimento e apresentava uma alternativa interpretativa às questões vinculadas aos materiais históricos representados pela Revolução Russa, pela derrota do movimento operário no Ocidente e pela solução capitalista à crise do capitalismo (De Felice, 1978, p. 197).

ARQUEOMARXISMO

Elucidada esta apropriação do "Prefácio de 1859" por parte de Gramsci, é possível voltar à nota que motivou esta reflexão – *"Analisi delle situazioni – rapporti de forza"*.[6] Nela o "Prefácio" não era o ponto de chegada e sim o ponto de partida para o desenvolvimento de outros princípios de metodologia histórica. Gramsci ressaltou que no estudo de uma conjuntura era preciso distinguir os movimentos orgânicos (permanentes) daqueles conjunturais (ocasionais, imediatos, acidentais). Durante uma crise que se prolonga durante alguns decênios, revelam-se contradições insolúveis, ao mesmo tempo em que as forças políticas que atuam na defesa dessa estrutura esforçam-se para superar essas contradições. Esses esforços constituem o terreno do ocasional. É nesse terreno do ocasional, da conjuntura, que a estrutura irá se atualizar.

Essa distinção entre movimentos orgânicos e fatos conjunturais deve se aplicar a todo tipo de situação. A ausência de uma relação justa entre ambos é um erro frequente na análise histórico-política. Mas as consequências desse erro são mais graves na política do que na historiografia, na medida em que, enquanto esta última tem o objetivo de reconstruir a história passada, a política almeja a construção do presente e do futuro.

Gramsci exemplificava a utilização desses critérios metodológicos através de um caso histórico concreto, o mesmo que motivou as reflexões originais de Marx: a Revolução Francesa. Tal caso era compreendido em uma escala histórica amplificada. Para extrair todas as

---

6 Para as importantes modificações promovidas por Gramsci no texto inicial desta nota, apresentado no § 38 do Quaderno 4, escrito em outubro de 1930, e os §§ 17-18 do Quaderno 13, com a versão que aqui citamos, redigidos entre outubro e dezembro de 1933, ver Cospito (2000).

162 ALVARO BIANCHI

conclusões necessárias era preciso ter em mente, afirmava Gramsci, que somente em 1870-1871, com a Comuna de Paris, esgotaram-se historicamente todas as possibilidades históricas que vieram à luz em 1789.[7] As contradições internas à estrutura francesa se manifestaram em longo prazo, em um período histórico marcado por transformações que se processaram através de ondas com um comprimento cada vez maior: 1789, 1794, 1799, 1804, 1815, 1830, 1848, 1870. O estudo dessas ondas sucessivas permitiria, segundo Gramsci, "reconstruir as relações entre estrutura e superestruturas, de um lado, e, de outro, as relações entre o curso do movimento orgânico e o curso do movimento de conjuntura da estrutura" (Q p. 1582).

O que leva à análise das relações de força propriamente ditas e às mudanças dessas relações. Gramsci distinguiu três momentos dessas relações, expressando três níveis de análise diferentes, com seus diferentes graus de abstração:

1) Uma correlação de forças vinculada à estrutura objetiva e que pode ser apreciada com os "métodos das ciências exatas ou físicas" (*idem*, p. 1538).[8] Sobre a base desta estrutura, do grau de desenvolvimento das forças materiais de produção, erguem-se os grupos

---

7 "Não só a nova classe que luta pelo poder derrota os representantes da velha sociedade que não quer confessar-se definitivamente superada, mas derrota também os grupos novíssimos que acreditam já ultrapassada a nova estrutura surgida da transformação iniciada em 1789 e demonstra, assim, sua vitalidade em confronto com o velho e em confronto com o novíssimo" (Q p. 1581-1582).

8 "O conjunto das forças materiais de produção é o elemento menos variável no desenvolvimento histórico, é aquele que uma e outra vez pode ser identificado e medido com exatidão matemática, que pode dar lugar, portanto a observações e a critérios" (*idem*, p. 1443).

ARQUEOMARXISMO

sociais, cada qual representando uma função e ocupando uma posição dada na produção. Neste nível, a classe existe objetivamente. Localiza-se, aqui, uma "realidade rebelde", mas essencial para verificar se existem na sociedade, ou se podem se desenvolver nela, as *condições necessárias e suficientes* para sua transformação. Ou seja, ela permite verificar o realismo, a atualidade e o grau de adequação das ideologias nascidas sobre o solo dessa realidade rebelde e das contradições geradas em seu desenvolvimento.

2) Uma correlação de forças políticas, que estima o grau de homogeneidade, autoconsciência e organização dos vários grupos sociais. Aqui podem ser apreendidos os diversos momentos da consciência política coletiva, momentos que se combinam horizontal e verticalmente, nacional e internacionalmente, criando arranjos originais e historicamente concretos. Estes momentos são:

a) econômico-corporativo: "percebe-se a unidade homogênea e o dever de organizá-la, a unidade do grupo profissional, mas ainda não a do grupo social mais amplo" (*idem*, p. 1583-1584);

b) solidariedade de interesses de todos os membros do grupo social, mas ainda no terreno meramente econômico: a questão estatal ainda não se coloca;

c) fase estritamente política: indica a passagem da estrutura à esfera das superestruturas complexas. É o momento da criação da "hegemonia de um grupo social fundamental sobre uma série de grupos subordinados" (*idem*, p. 1584).

3) Uma correlação de força militar, o imediatamente decisivo em cada caso. Também aqui pode-se distinguir dois momentos: técnico-militar e político-militar.

São graus de abstração diferentes; mas para além de uma lógica da exposição tem-se uma lógica do próprio movimento histórico. O esquema aqui desenvolvido é simétrico àquele desenhado pelos dois princípios expressos pelo "Prefácio de 1859", tais quais apresentados por Gramsci. Os três níveis dizem respeito a graus diferentes de intervenção da vontade humana. No primeiro nível tem-se o movimento da estrutura a se impor, a "realidade rebelde", independente da ação imediata dos sujeitos históricos. É o princípio objetivo da contradição entre forças produtivas e relações de produção; uma definição *epocale*. Mas é no terceiro nível, naquele no qual ocorre o choque direto entre os sujeitos sociais, que essa contradição encontra sua solução. Este é o nível da realização da vontade como "consciência atuante da necessidade histórica, como protagonista de um drama real e efetivo", o nível da revolução (*idem*, p. 1560).[9]

O movimento histórico, dirá Gramsci, oscilaria, constantemente, entre o primeiro e o terceiro momento da correlação de forças através da mediação do segundo momento, o da correlação de forças política. Nível no qual ocorreria a passagem "da estrutura às superestruturas complexas" e que conduz à discussão que o autor apresenta sobre o Estado e suas crises.

A REVOLUÇÃO PASSIVA COMO PASSADO

Quando Gramsci discutiu as possibilidades de resolução da crise o fez a partir dos materiais históricos concretos que tinha à

---

9   É sintomático que em seu ensaio sobre a análise de conjuntura em Gramsci, Portantiero suprima, sem maiores explicações, esse terceiro momento da correlação de forças. É a própria revolução que é suprimida. Ver Juan Carlos Portantiero, *Los usos de Gramsci*. Mexico D.F.: Folios, 1987, p. 177-193.

ARQUEOMARXISMO

disposição: a Revolução Francesa; a história italiana, particularmente o *Risorgimento*; a experiência dos conselhos turineses; e a Revolução Russa. Tomou, portanto, como ponto de partida uma história das revoluções. Ao discutir o passado tinha em vista o presente. Lembre-se que filosofia, história e política encontram-se profundamente interligadas em seu pensamento, ou melhor, recorde-se a dimensão política da história e da filosofia e que a política faz a história e a filosofia.

Mas qual é, exatamente, o presente que tinha em vista? Era sem dúvida o presente da revolução. Da Rússia soviética e do seu destino, em primeiro lugar; das possibilidades concretas de construção de uma alternativa socialista. Mas também da revolução italiana e da luta contra o fascismo, valorizando aquilo que reflete a especificidade da península bem como a dimensão universal em sua história. Seu presente era o da complexa situação europeia do pós-guerra, marcada pela Primeira Guerra Mundial, pela Revolução Russa, pela crise de 1929 e pelo surgimento e expansão do fascismo. Era do conjunto desses materiais históricos que o marxista sardo extrairia o conceito de revolução passiva, reformulando-o e destacando suas múltiplas dimensões: histórica, filosófica e política.

Primeiro a revolução passiva como cânone de interpretação da história italiana, como ferramenta interpretativa da constituição do capitalismo nessa porção da Europa. É sob esta ótica que deve ser compreendida a retomada da ideia de "revolução passiva" presente na obra de Vincenzo Cuoco. Em seu *Saggio storico sulla rivoluzione di Napoli*, Cuoco lançou mão dessa ideia para descrever as revoluções nas quais a iniciativa não se encontra nas mãos do povo, ao contrário das revoluções ativas, mais eficazes, nas quais este "dirige prontamente a si próprio àquilo que mais de perto lhe interessa" (Cuoco, 1929, p. 106).

A apropriação que Antonio Gramsci fez desse tema foi, na verdade, uma reinvenção, uma reconstrução, enfim, um novo tema. Retirado da problemática original, o conceito de revolução passiva ganhou no pensamento gramsciano um novo conteúdo. De certa forma, pode-se dizer que ao retomar temas anteriormente trabalhados por outros autores, o que Gramsci fez de maneira recorrente, são redefinidas as perguntas que eles fizeram, perguntas que não eram apenas de seus autores, mas as perguntas de seu tempo. Mudavam, seguramente, as respostas. Se Gramsci retomou esses temas foi porque eles eram elementos centrais de um campo ideológico dominante, o que impunha uma resposta por parte de todo aquele que não quiser se divorciar de sua época (Dias, 2000, p. 239).

Retirado de seu contexto original e reformulado, o conceito de revolução passiva ganhou uma amplitude muito maior e passou a ser instrumento de interpretação de acontecimentos contemporâneos, mantendo, entretanto, uma linha de continuidade: a modernização do Estado através de uma série de reformas e guerras, procurando evitar, assim, uma ruptura revolucionária.

Gramsci associou a fórmula cunhada por Cuoco àquela que Edgar Quinet elaborou para o caso francês: revolução-restauração. No centro da análise era colocada a ascensão da burguesia ao poder em aliança com aquelas classes que, na França, haviam sido deslocadas pela revolução. Era retomado, assim, um tema caro à tradição marxista, tema esse que aparecia em *A luta de classes na França* e *O 18 Brumário de Luis Bonaparte*, de Karl Marx, e em *Revolução e contrarrevolução na Alemanha*, de Friedrich Engels. A pergunta chave é: pode a burguesia ascender ao poder sem passar pelo calvário da revolução?

ARQUEOMARXISMO

Era esse material histórico e eram essas análises de Marx e Engels que Gramsci tinha em mente quando procurou nas fórmulas de revolução passiva e restauração-revolução a chave explicativa para o processo de ascensão da burguesia italiana. A comparação com o caso francês é, aqui, fundamental. Seu espectro rondava a Europa. Ela fornecia o exemplo daquilo que as classes dominantes queriam evitar. Era a revolução clássica. Para fazer a comparação Gramsci traçou o seguinte quadro, relembrando a época histórica inaugurada em 1789:

> 1) explosão revolucionária na França com radical e violenta mutação das relações sociais e políticas; 2) oposição europeia à Revolução Francesa e a sua difusão pelos "canais" de classe; 3) guerra da França, com a República e com Napoleão, contra Europa, primeiramente para não ser sufocada, a seguir para constituir uma hegemonia permanente francesa com tendência a formar um império universal; 4) insurreições nacionais contra a hegemonia francesa e nascimento dos Estados europeus modernos por pequenas ondas reformistas sucessivas, mas não por explosões revolucionárias como a francesa original. As "ondas sucessivas" são constituídas de uma combinação de lutas sociais, de intervenções pelo alto, do tipo monarquia iluminada, e de guerras nacionais, com a predominância destes dois últimos fenômenos (*idem*, p. 1358).

Foi sobre a possibilidade de surgimento de estados modernos através de mecanismos reformistas que recaiu a atenção de Gramsci. Esse período, que teve em 1848 um de seus momentos mais importantes e que na fórmula de Edgar Quinet era associado à restauração, era considerado pelo marxista italiano como o mais rico em significados. A restauração era vista, assim, como "a forma política na qual as lutas sociais encontram quadros bastante elásticos para permitir a burguesia

168 ALVARO BIANCHI

chegar ao poder sem rupturas espetaculares, sem o aparelho terrorista francês" (*idem*).

Empreendimento esse que foi bem sucedido com a derrota das revoluções de 1848. Essa derrota sepultou a era das revoluções burguesas e inaugurou uma nova época, na qual a transição "pacífica" se tornou a forma mais universalizada de ascensão da burguesia ao poder. Tem-se então um paradoxo: a transição considerada clássica – a francesa – não foi a mais universal, a forma mais universal foi a revolução passiva, a forma não clássica.

O problema fundamental que coloca o conceito de revolução passiva é o da relação entre estrutura e superestrutura. Gramsci enfatizou que esse conceito deveria ser rigorosamente deduzido dos dois princípios fundamentais da ciência política já citados: "1) nenhuma formação social desaparece enquanto as forças produtivas que nela se desenvolvem encontrarem lugar para um ulterior movimento progressivo; 2) a sociedade não assume compromissos para cuja solução ainda não tenham surgido as condições necessárias, etc." (*idem*, p. 1774). Tais princípios deveriam ser referidos aos, já citados, três momentos fundamentais da análise de relações de força, valorizando a relação de forças política (segundo momento) e político-militares (terceiro momento).

A ênfase recaía, portanto, na questão das "condições necessárias e suficientes" à transformação, no princípio subjetivo da formação das vontades humanas e da organização destas em partidos e forças políticas que intervêm na realidade, formando, moldando e construindo/reconstruindo-a. Afirmou Gramsci:

> Sempre a propósito do conceito de revolução passiva ou de revolução-restauração no Risorgimento italiano, é necessário colocar com

ARQUEOMARXISMO

exatidão o problema que, em algumas tendências historiográficas, é denominado de relações entre condições objetivas e condições subjetivas do evento histórico. Parece que as condições subjetivas existem sempre que existem as condições objetivas, isto na medida em que se trata de simples distinção de caráter didático: logo, a discussão pode versar sobre o grau e a intensidade das forças subjetivas, sobre a relação dialética entre as forças subjetivas contrastantes (*idem*, p. 1781).

Não se trata de um subjetivismo ou de um voluntarismo. Não são as vontades individuais as que contam, mas aquelas que assumem a forma de "fatos" ao se materializarem como forças vivas nos movimentos das classes, agindo sobre e modificando a realidade antes dada:

> Sobre revolução passiva. Protagonistas os "fatos" por assim dizer e não os "homens individuais". Como sobre um determinado invólucro político necessariamente se modificam as relações sociais fundamentais e novas forças efetivas políticas surgem e se desenvolvem, que influem indiretamente, com a pressão lenta mas incoercível, sobre as forças oficiais que se modificam a si próprias sem perceberem, ou quase (*idem*, p. 1818-1819).

Do ponto de vista do grau e da intensidade dessas forças subjetivas contrastantes, quais são os pré-requisitos para a eficácia da transição sem revolução? O que dá aos quadros sociais a elasticidade necessária para a revolução passiva?

Em primeiro lugar, essa elasticidade é dada pela ausência de uma "iniciativa popular unitária" e diz respeito à impossibilidade, pelo menos momentânea, das classes subalternas assumirem o papel de classe dirigente (*idem*, p. 1324-1325). Tal quadro foi fornecido pela derrota das revoluções de 1848, pela expansão capitalista que tem início a partir do início da década de 1850 e pela retração que o nascente movimento operário vivenciou nas décadas que se seguiram.

Em segundo lugar, é dada pela impossibilidade das classes dominantes obterem o consenso ativo das classes subalternas através da incorporação dos interesses e aspirações dessas classes, principalmente a reforma agrária, o que implicaria a destruição da posição política e econômica das velhas classes feudais. Em Gramsci, este tema estava diretamente conectado à analise do papel desempenhado pelos jacobinos na França e o lugar do Partito d'Azione no *Risorgimento*:

> A proposto do jacobinismo e do Partito d'Azione, um elemento que deve ser colocado em primeiro plano é o seguinte: que os jacobinos conquistaram com a luta sem quartel a própria função de partido dirigente; na realidade se "impuseram" à burguesia francesa, conduzindo-a a uma posição muito mais avançada do que aquela que os núcleos burgueses primitivamente mais fortes teriam desejado "espontaneamente" ocupar e ainda muito mais avançada do que as premissas históricas poderiam consentir e por isso os contra-golpes e a função de Napoleão I (*idem*, p. 2027).

Esta capacidade dirigente, hegemônica, manifestada pelos jacobinos na Revolução Francesa, não encontrou paralelo na Itália, sequer no Partito d'Azione. Desde 1848, quando a classe operária apareceu na política francesa como partido independente, o espectro que assombrava a Europa assumiu a força material da classe em movimento. O *Risorgimento* evidenciou na Itália aquilo que a França já havia demonstrado. A partir do momento em que burguesia e proletariado encontraram-se abertamente nas ruas de Paris, em junho de 1848, lutando não mais lado a lado, mas um contra o outro, a partir do momento em que foi travada a primeira grande batalha "entre as classes em que se divide a sociedade moderna", nas palavras de Marx (MECW, v. 10, p. 67), a burguesia mudou a forma de exercício de sua hegemonia. Gramsci sintetizou isso afirmando que

> a relação de classes criada pelo desenvolvimento industrial, com o alcance do limite da hegemonia burguesa e a inversão de posições de classes progressistas, induziu a burguesia a não lutar até o fim contra o velho regime, mas a deixar subsistir uma parte de sua fachada sob a qual ocultar o próprio domínio efetivo (Q, p. 2033).

Ora, esse temor, não tanto aos trabalhadores urbanos, mas, principalmente, às massas camponesas, era o que fazia o Partito d'Azione recuar perante a revolução. Daí sua recusa a incorporar em seu programa a reforma agrária, a "lutar até o fim" e a tornar-se o centro dirigente das classes subalternas, sua recusa em exercer uma hegemonia expansiva sobre o conjunto dessas classes. O Partito d'Azione não conseguiu ser "jacobino", escreveu Gramsci. Ou seja, não conseguiu soldar a sociedade com um programa orgânico que expressasse uma nova força social e rompesse os laços que ligavam os camponeses aos diversos estratos legitimistas e clericais (*idem*, p. 2024).

A ausência de iniciativa popular e de um consenso ativo não indica total passividade das massas populares e nem ausência total de consenso. O que de fato há é um subversivismo "esporádico, elementar e inorgânico" que, pelo seu primitivismo, não elimina a capacidade de intervenção das classes dominantes, muito embora fixe seus limites e imponha a necessária absorção de uma parte das demandas de baixo, justamente aquelas que não são contraditórias com a ordem econômica e política. Cria-se, assim, o consenso passivo e indireto das classes subalternas.

172 ALVARO BIANCHI

Consenso esse que é reforçado pelo contínuo processo de *transformismo*, de absorção molecular pelas classes dominantes dos elementos ativos tanto dos grupos aliados como dos grupos adversários, o que permitiria a elaboração de uma classe dirigente em um contexto fixado pela restauração (Kanoussi e Mena, 1985, p. 98). Mas esse consenso é coercitivamente fabricado, na medida em que tende à destruição da força política dos grupos subalternos através da decapitação de suas lideranças, "isto é, a desarticulação e a paralisação do antagonista ou dos antagonistas através da absorção dos seus dirigentes, seja disfarçadamente, seja, em caso de perigo emergente, abertamente para lançar a confusão e a desordem nas fileiras adversárias" (Q, p. 1638).

Nesse processo, ocorre a unidade entre as antigas classes feudais, que deixam de ser dominantes embora permaneçam "governantes", e a nascente burguesia. Sem serem liquidadas como um conjunto orgânico, essas classes feudais perdem suas funções econômicas predominantes e se convertem em "castas" com características culturais e psicológicas próprias. Castas que fornecerão boa parte do pessoal especializado, os intelectuais no sentido gramsciano, para que o Estado assuma o papel de dirigente, não do conjunto da sociedade, o que seria nesse quadro impossível, mas das classes dominantes:

> Este fato é da máxima importância para o conceito de "revolução passiva": ou seja, que um grupo social não seja o dirigente de outro grupo social, mas que o Estado, ainda que limitado como potência, seja o "dirigente" do grupo que deveria ser dirigente e possa colocar à disposição deste um exército e uma força político-diplomática (Q, p. 1823).

A revolução passiva é, desta forma, o exercício de uma hegemonia restrita, uma hegemonia burguesa em um período histórico no qual esta classe já perdeu a capacidade de assimilar a seu projeto as classes subalternas.[10] A revolução passiva não é hegemonia de uma classe em relação ao todo social, mas a de uma fração das classes dominantes sobre o conjunto delas através da mediação do Estado.

O *locus* dessa unidade entre as antigas classes feudais e a burguesia é o Estado. De tal maneira que a história dessas classes passa a ser, essencialmente, uma história do Estado e dos grupos de Estado. Uma história que é resultado das relações orgânicas que se estabelecem entre sociedade política e sociedade civil, ou seja, que derivam da ampliação do próprio Estado e do seu conceito (Q p. 2287).

A REVOLUÇÃO PASSIVA COMO PRESENTE

Para Gramsci, o papel desempenhado pelo liberalismo conservador do século XIX encontrava paralelo naquele que o fascismo desempenhava e não era à toa que em seus primórdios este se reivindicasse como sucessor da direita histórica. O fascismo e a luta contra ele ocuparam lugar de destaque no pensamento gramsciano. Nesse sentido, sua reflexão na prisão desenvolverá temas tratados por ele anteriormente na qualidade de dirigente ativo do Partido Comunista italiano.

Já no período pré-carcerário, Gramsci vinculou intimamente o tema do fascismo à análise da crise social e política do pós-guerra. Em seu informe ao Comitê Central de agosto de 1924, Gramsci caracterizou o fascismo como o resultado de um "determinado sistema de relações de força existente na sociedade italiana" (1978, p. 33). Mas a crise que permitiu o surgimento do fascismo não era uma crise meramente italiana, ela é determinada por um processo mundial, é a "crise

---

10 Sobre a distinção entre as formas burguesa e proletária da hegemonia ver Gerratana (1998, p. 119-126).

174 ALVARO BIANCHI

radical do sistema capitalista, iniciada na Itália, assim como em todo o mundo, com a guerra" (*idem*, p. 28).

As determinações internacionais dessa relação de forças particular foram apresentadas por Gramsci em sua intervenção na Câmara de Deputados, em maio de 1925. A ascensão do fascismo não era considerada como um fenômeno puramente italiano. Ela era parte constitutiva de uma relação de forças europeia e mundial que se estabelecia como resultado dos desdobramentos decorrentes da crise geral do capitalismo no pós-guerra. A eleição de Hindenburg na Alemanha, a vitória dos conservadores na Inglaterra, a ascensão do fascismo na Itália e a liquidação dos partidos liberais democráticos nesses países eram vistas como momentos desse mesmo processo: "Trata-se de um fenômeno de regressão histórica que não deixa nem deixará de ter consequências para o desenvolvimento da revolução proletária" (*idem*, p. 77).

A dimensão internacional desse processo não levou Gramsci a reduzir a especificidade italiana. Na mesma intervenção destacou que a debilidade do capitalismo italiano produziu a exacerbação dessas formas reacionárias na península (*idem*). O tema foi tratado de maneira aprofundada nas teses redigidas por Gramsci e Togliatti para o congresso do Partido Comunista Italiano que seria realizado na cidade de Lyon. A especificidade do desenvolvimento capitalista italiano, e particularmente de sua indústria, era chave para entender a emergência do fascismo na fina análise levada a cabo nessas teses. O texto, intitulado *La situazione italiana e i compiti del PCI* (1926), atribuiu à fragilidade intrínseca do capitalismo italiano a necessidade dos industriais recorreram ao compromisso econômico e político com os proprietários de terra para sobreviverem. Tal compromisso estaria baseado na solidariedade de interesses existentes entre alguns grupos

ARQUEOMARXISMO

privilegiados, em detrimento dos interesses gerais da produção e da maioria dos trabalhadores.

Essa debilidade econômica tinha consequências políticas nítidas. Da mesma maneira que não conseguiu organizar a economia à sua imagem e semelhança, a burguesia industrial não organizava por conta própria a sociedade e o Estado: "Para reforçar o Estado e para defendê-lo, é necessário um compromisso com as classes sobre as quais a indústria exerce uma *hegemonia limitada*, particularmente os agrários e a pequena burguesia" (*idem*, p. 491, grifos meus).

Ao invés de alterar essa dinâmica da política italiana, o fascismo a aprofundou. Nas Teses de Lyon o fascismo era definido como um movimento de reação armada "cuja finalidade é desorganizar e desmobilizar a classe operária para imobilizá-la" (*idem*, p. 495). Para tanto, ele pressupunha a unificação e centralização de todas as forças da burguesia em torno de um novo projeto italiano. O processo não foi levado a cabo sem conflito e transformação das formas tradicionais de exercício do poder político e das formas até então preponderantes de constituição do compromisso entre as classes dominantes. O ataque à maçonaria, força central de todas as forças políticas tradicionais, foi parte dessa tentativa de unificação. Mas a unificação burguesa tinha por objetivo não apenas transformar a política, como transformar a economia. Segundo as Teses, "no campo econômico, o fascismo age como instrumento de uma oligarquia industrial e agrária para concentrar nas mãos do capitalismo o controle de todas as riquezas do país" (*idem*, p. 496).

O fascismo não era, portanto, uma transformação das classes dominantes, do lugar ocupado pelas oligarquias industriais e agrárias na política italiana. Ele era uma mudança da forma através da qual essas classes construíam sua unidade. Aquilo que na tradição política italiana era compromisso assumiu, com o fascismo, caráter compulsório.

Daí o conjunto de medidas destinadas a criar, arbitrariamente, através da ação estatal, uma nova concentração industrial e agrária: a abolição dos impostos sobre heranças, o fortalecimento do protecionismo, as novas políticas financeiras e fiscais, o restabelecimento das taxas sobre os grãos, a unificação bancária, as modificações no código do comércio e os acordos para pagamento das dívidas com os Estados Unidos, temas tratados, também, em um artigo de 24 de novembro de 1925, publicado no *L'Unità*.

Mas – e isso é importante ressaltar – Gramsci inicialmente não viu o fascismo como uma resposta efetiva à crise da burguesia, na medida em que essa política produzia contradições entre seus próprios partidários, no interior da burguesia que resistia à centralização já mencionada, e, principalmente, na pequena burguesia que acreditava ter chegado sua hora de exercer o poder. Esse juízo, que aparece explícito nas Teses de Lyon, principalmente nas passagens referentes aos fracionamentos da burguesia e à reação da pequena burguesia à dominação industrial-agrária, adquiriu tons ainda mais fortes em um texto de 1924, *La crisi italiana*, publicado em *L'Ordine Nuovo*. Nele, depois de afirmar que o regime fascista não havia nem detido, nem diminuído o ímpeto da crise econômica, Gramsci afirmou que "a crise econômica italiana somente poderá ser resolvida pelo proletariado. Somente inserindo-se em uma revolução europeia e mundial, o povo italiano poderá recuperar a capacidade de fazer valer suas forças produtivas humanas e desenvolver o aparelho produtivo nacional" (*idem*, p. 30-31).

Este juízo, predominante no período pré-carcerário, sofreu uma importante inflexão nos *Quaderni*, como destacado por De Felice

(1978). Uma nova possibilidade foi apresentada e desenvolvida por Gramsci na prisão: a solução capitalista para a crise do capitalismo. Nos *Quaderni*, a resposta burguesa à crise tinha como pressuposto a derrota da classe operária mas exigia, também, a construção de uma alternativa na qual se articulassem economia e política, sociedade e Estado. A análise do fascismo era deslocada para a "investigação das novas relações entre Estado e sociedade civil" (Buci-Glucksmann, 1975, p. 355). As formas políticas da restauração (governo das massas) eram, assim, vinculadas às formas econômicas (governo da economia), unificando aquilo que até então aparecia de maneira desagregada na análise. Gramsci colocou, embora cautelosamente, um problema de primeira grandeza: até que ponto o fascismo, além de ser uma forma de reação antioperária, não era, também, agente da modernização do aparelho produtivo?

Foi neste ponto que o conceito de revolução passiva passou a ser utilizado como ferramenta para a análise do fascismo. O tema foi colocado no *Quaderno 8* de maneira bastante elíptica:

> Não seria o fascismo precisamente a forma de "revolução passiva" própria do século XX, como o liberalismo tinha sido no século XIX? (...) Poderia conceber-se assim: a revolução passiva se verificaria no fato de transformar "refomistamente" a estrutura econômica individualista em economia segundo um plano (economia dirigida) e o advento de uma "economia média" entre a individualista pura e a planificada no sentido integral, permitiria a passagem a formas políticas e culturais mais evoluídas sem cataclismos radicais e destruidores de modo exterminador. O "corporativismo" poderia ser ou tornar-se, desenvolvendo-se, esta forma econômica média de caráter "passivo" (Q, p. 1089).

O que aparece aqui é uma via de transformação do Estado e da economia que, situando-se de maneira intermediária ("economia média") entre o planejamento econômico e a economia de mercado, poderia promover o desenvolvimento das forças produtivas, evitando, ao mesmo tempo, a revolução operária. Esta é não apenas uma solução não operária da crise (não pensada por Gramsci em 1924), como uma solução antioperária, contrarrevolucionária, portanto.

Para o marxista italiano, o fascismo poderia ser uma revolução passiva no fato de que

> pela intervenção legislativa do Estado e através da organização corporativa na estrutura econômica do país, seriam introduzidas modificações mais ou menos profundas para acentuar o elemento "plano de produção" sem por isso tocar (ou limitando-se somente a regular e controlar) a apropriação individual e de grupo do lucro (*idem*, p. 1228).

Como programa, o fascismo unificava política e economia. No quadro concreto das relações sociais italianas, essa parecia a forma pela qual seria possível desenvolver as forças produtivas da indústria em bases capitalistas sem provocar um deslocamento abrupto das classes dirigentes tradicionais, em um contexto marcado pela concorrência interimperialista, contexto esse no qual a desvantagem italiana era evidente.

Essa era a hipótese ideológica partilhada tanto por Croce como pelo fascismo. A força dessa hipótese não era dada pela sua possibilidade de se transformar em realidade e sim pela sua capacidade de mobilizar e criar "um período de espera e esperanças, especialmente em certos grupos sociais italianos, como a grande massa de pequenos burgueses urbanos e rurais, e consequentemente manter o sistema hegemônico e as forças de coação militar e civil à disposição das classes dirigentes tradicionais" (*idem*).

A reflexão gramsciana, era cautelosa e não conclusiva, privilegiando hipóteses explicativas ao invés de esquemas generalizantes. Embora não fosse conclusiva no que dizia respeito ao fascismo como forma de modernização, sua investigação localizou um aspecto importante: o novo papel do Estado, que tinha suas funções econômicas potencializadas e passava a atuar como sede institucional da unificação de renda e lucro (De Felice, 1978, p. 235).

O tema reapareceu e ganhou nova dimensão na análise gramsciana do americanismo e do fordismo. Entre os pontos que listou para ordenar sua pesquisa, Gramsci incluiu a revolução passiva:

> ver se o americanismo pode determinar um desenvolvimento gradual do tipo, já examinado, das "revoluções passivas" próprias do século passado, ou se, ao contrário, representa apenas a acumulação molecular de elementos destinados a produzir uma "explosão", uma transformação de tipo francês (Q, p. 2139).

E foi na análise da resposta capitalista à queda tendencial da taxa de lucro que Gramsci enfocou o taylorismo e o fordismo, perguntando: "não são estes dois métodos de produção e de trabalho tentativas progressistas de superar a lei tendencial, eludindo-a com a multiplicação das variáveis nas condições do aumento progressivo do capital constante?" (*idem*, p. 1312. Ver a este respeito Braga, 1996). Tentativas de superação essas que se manifestariam primeiramente no nível do processo produtivo e da organização do trabalho, introduzindo inovações que permitiriam contrarrestar a pressão exercida sobre a taxa de lucro pelo aumento crescente da composição orgânica do capital. Par tal, foi necessário combinar "habilmente a força (destruição do sindicalismo operário de base territorial) com a persuasão (altos salários, benefícios sociais diversos, propaganda ideológica e política

180 ALVARO BIANCHI

habilíssima) para, finalmente, basear toda a vida do país na produção" (Q p. 2145-2146). Foi nesse sentido que Gramsci escreveu que com o americanismo e o fordismo a "hegemonia nasce na fábrica" (*idem*). Hegemonia restrita, bem entendido, ou seja, revolução passiva.

Eram tentativas que também se faziam sentir ao nível das superestruturas complexas; seja porque essas transformações no universo produtivo exigiam a criação de um novo tipo de trabalhador, de um novo nexo psicofísico sobre o qual Gramsci iria discorrer no *Quaderno* 22, seja porque elas requeriam um Estado adequado a essas transformações. Estado esse que poderia ser, na verdade, o promotor do "americanismo" no caso italiano, ou seja, em um caso no qual a hegemonia não nascesse da fábrica:

> a americanização exige um determinado ambiente, uma determinada estrutura social (ou a vontade decidida de criá-la) e um determinado tipo de Estado. O Estado é o Estado liberal, não no sentido do liberalismo alfandegário ou da efetiva liberdade política, mas no sentido mais fundamental da livre iniciativa e do individualismo econômico que alcança através de meios próprios, como "sociedade civil", através do próprio desenvolvimento histórico, o regime da concentração industrial e do monopólio. O desaparecimento do tipo semifeudal de acumulador de capitais é, na Itália, uma das condições básicas para a transformação industrial (é, em parte, a própria transformação), e não uma consequência. A política econômico-financeira do Estado é o instrumento para este desaparecimento: amortização da dívida pública, nominatividade dos títulos e maior peso da taxação direta na formação da receita orçamentária (*idem*, p. 2157).

O que Gramsci apontou nessa passagem foi a existência de um complexo processo político de caráter reacionário que, contraditoriamente, agia no sentido de promover alterações na estrutura das classes dominantes italianas e, através do Estado, reorganizar a indústria e modernizar a economia (Di Benedetto, 2000, p. 91). O Estado assumiria, assim, a qualidade de grupo financeiro ("*holding* estatal", dirá Gramsci), coordenando a poupança pública e colocando-a à disposição da grande indústria, agindo como um investidor de médio e longo prazo, realizando aquelas funções que nos Estados Unidos foram levadas a cabo de forma espontânea pela própria burguesia (Q p. 2175).

Ora, tais transformações encontram-se firmemente vinculadas às relações de forças entre as classes antagônicas. A criação de um novo trabalhador implica na destruição ou transformação dos trabalhadores até então existentes, de seus movimentos sociais e de suas formas organizativas. Classes, movimentos e organizações não desaparecem ou mudam sem oporem uma profunda resistência a esses processos. Eis porque o americanismo e o fordismo não são apenas uma resposta a uma tendência econômica, como também uma resposta política à força do proletariado expressa na Revolução Russa. Como formas de concreção da revolução passiva são uma contratendência política que se exerce no campo da produção, atuando sobre o processo de trabalho (Buci-Glucksmann, 1980, p. 294-295).

Conclusão: a antirrevolução passiva como futuro

Da economia à política; da política à economia. Ou, de modo ainda mais explícito: da estrutura à superestrutura; da superestrutura à estrutura. Estas dimensões não se encontram divorciadas no pensamento gramsciano. Embora no percurso que vai da análise do

Risorgimento à do fascismo, americanismo e fordismo seja possível perceber uma ênfase maior no tema da estrutura neste último bloco temático, a política continua a ocupar um lugar central.

O que a problemática da revolução passiva nos traz é uma chave interpretativa para a análise das formas de atualização da dominação capitalista no mundo contemporâneo. "O argumento da 'revolução passiva' como interpretação da idade do *Risorgimento* e *de toda época complexa de mudança histórica*", escreveu Gramsci (Q, p. 1827). Processos esses que se desenvolvem na articulação da economia e da política. Com o conceito de revolução passiva, Gramsci procurou

> interpretar não somente a ascensão e consolidação do bloco histórico burguês, mas, também, a defesa de suas condições fundamentais de existência e de princípio: a primazia da política-hegemonia burguesa na direção do processo produtivo, do próprio Estado e, portanto, da cultura (Kanoussi e Mena, 1985, p. 126).

Chave interpretativa do programa da burguesia e crítica desse programa. É isto o que o conceito pretendia fornecer e não um guia positivo de ação, como na versão de Benedetto Croce. A fórmula de revolução passiva, que em Vicenzo Cuoco possuía um valor de advertência e em Gramsci era critério de interpretação, transformou-se, para uma importante corrente intelectual e política italiana, em uma concepção positiva, uma moral e um programa político (Q, p. 1220). A possibilidade de uma transição sem revolução fascinou esses intelectuais que viam nela o passaporte de entrada da península italiana na modernidade capitalista.

Expoente da intelectualidade italiana, inspirador das correntes revisionistas alemã e francesa, Croce foi criticado por Gramsci devido à sua moderação política, "que estabelece como único método de ação

ARQUEOMARXISMO

política aquele no qual o progresso, o desenvolvimento histórico é o resultado da dialética de conservação inovação" (*idem*, p. 1325).[11] Em linguagem moderna, afirmou o marxista italiano, tal forma de historicismo se chama reformismo (*idem*).

A moderação política de Croce transparecia em seus ensaios históricos, principalmente em *Storia d'Europa* e *Storia d'Italia*. Neles, suas narrações tinham início a partir de 1815 e 1871, ou seja, a partir do próprio momento da restauração. "Alla fine dell'avventura napoleonica": foi assim que Croce começou a *Introduzione ad una storia d'Europa nel secolo decimonono* (Croce, 1931, p. 7). O momento da luta era suprimido da história, ficando fora dela "o momento no qual se elaboram e agrupam e alinham-se as forças em contraste, o momento em que um sistema ético-político se dissolve e outro se elabora a ferro e fogo, no qual um sistema de relações sociais se desintegra e decai e outro sistema surge e se afirma, e, pelo contrário" (Q, p. 1227). Na história de Croce só tinha lugar o momento de expansão cultural, ou ético-político, no qual os grupos dirigentes já consolidaram sua dominação.

A depuração que Croce produziu na história tinha, segundo Gramsci, o objetivo de criar um movimento ideológico correspondente àquele da época da restauração, ou seja, um movimento que permitisse a ascensão da burguesia sem lançar mão da forma jacobino-napoleônica, satisfazendo as demandas populares em pequenas doses, através do estrito cumprimento da lei, salvando, dessa forma, as velhas classes feudais e evitando a reforma agrária e o levante das massas populares. Assim, por uma dessas ironias da história, Croce, chegou a contribuir com o fortalecimento do fascismo, fornecendo-lhe uma justificação ideológica.

---

11 Para a relação entre Benedetto Croce e as correntes revisionistas de sua época ver Q, p. 1213-1214. O tema é desenvolvido por Edmundo Fernandes Dias (1998).

O levante das massas populares. Esse continuava a ser o espectro que rondava a Europa. Temor atualizado. Não se tratava mais do medo às hordas *sans-culottes*, inaugurado pela revolução Francesa, e sim o pavor provocado pelo moderno proletariado, medo esse que se não foi criado, foi, sem dúvida nenhuma, elevado à enésima potência pela Revolução Russa.

A concepção positiva da revolução passiva, afirmava o marxista italiano, baseia-se em um erro filosófico de origem prática: a pressuposição mecânica de que no processo dialético "a tese deve ser 'conservada' pela antítese para não destruir o próprio processo, que, portanto, é 'previsto' como uma repetição infinita, mecânica, arbitrariamente pré--fixada" (*idem*, p. 1221). Tal concepção não só restringia a amplitude da transformação social, colocando arreios na história, como definia, de antemão, o que deveria ser preservado da antiga forma social e política.

Essa forma de ver o processo dialético era própria dos intelectuais, afirmou o marxista italiano. Estes concebiam-se como árbitros de toda luta política real, como personificações da passagem do momento econômico-corporativo ao momento ético-político, em suma, como a própria síntese do processo dialético. Ora, dirá Gramsci,

> na história real, a antítese tende a destruir a tese, a síntese será uma superação, mas sem que se possa estabelecer a priori o que da tese será "conservado" na síntese (...) Que isso ocorra de fato é questão de "política" imediata, porque na história real o processo dialético se esmiúça em momentos parciais inumeráveis (*idem*).

O anti-Croce gramsciano só era filosófico na medida em que era também político. Ou melhor, ele era político e por isso, também era filosófico: "Daí luta contra o morfinismo político que exala de Croce e de seu historicismo" (*idem*). Gramsci rejeitou, portanto,

ARQUEOMARXISMO

toda leitura positiva da revolução passiva e destacou uma utilização do conceito como critério de interpretação: "Portanto, não teoria da 'revolução passiva' como programa, como foi nos liberais italianos do *Risorgimento*, mas como critério de interpretação na ausência de outros elementos ativos em modo dominante" (*idem*). Se a revolução passiva não era senão o próprio reformismo molecular da burguesia, a antirrevolução passiva era, para Gramsci, o antirreformismo. A luta contra a revolução passiva era, dessa maneira, uma luta contra as formas atuais de exercício da política. A antirrevolução passiva exigia, para Gramsci, uma "antítese vigorosa" (*idem*), capaz de destruir a tese através da atividade do antagonista.

8

EXPERIÊNCIA E HISTÓRIA EM WALTER BENJAMIN

Quem quiser se aventurar pela obra de Walter Benjamin deve estar predisposto à surpresa e à perplexidade. Ela se apresenta sob uma forma fragmentária e entrecortada, mas ai de quem interpretar essa fragmentação como sinal de imaturidade ou de inconclusividade. Na verdade, seus fragmentos estão prenhes de conteúdo e é possível acompanhar, através deles, a evolução de alguns temas caros ao pensamento de Walter Benjamin.

A surpresa que a leitura da obra de Benjamin produz ocorre pelo que está nela. De forma extremamente concentrada aparecem em seus escritos algumas das observações mais instigantes da crítica contemporânea. Não é de se estranhar que vários dos temas por ele colocados nesses escritos tenham reaparecido sob várias formas. É o caso de sua crítica às historiografias da social-democracia e do historicismo alemão, historiografias das grandes narrativas.

A crítica ao marxismo vulgar veiculado pela social-democracia alemã reapareceu mais de uma vez ao longo da obra de Walter Benjamin, adquirindo força e vigor nas famosas teses *Über den Begriff der Geschichte*, nas poucas e brilhantes páginas que dedicou à análise da poesia de Erich Kästner e em *Eduard Fuchs, der Sammler und der Historiker*. Partilhou, assim, da crítica realizada nas primeiras décadas do século XX por autores como Leon Trotsky, György Lukács, Karl

190 ALVARO BIANCHI

Korsh e Antonio Gramsci à matriz evolucionista de inspiração darwiniana que caracterizou o marxismo dessa corrente.

As agradáveis surpresas decorrentes da leitura de Benjamin não são menores do que as perplexidades e as dificuldades que dela provêm. Mas ao contrário das surpresas que provêm daquilo que está posto na obra, as perplexidades e dificuldades advêm do que está pressuposto. São os silêncios da pressuposição o que deixam os leitores perplexos. As conexões conceituais estão implícitas, as definições ocultas, as explicações subentendidas. E, entretanto, elas existem.

As interrupções e a fragmentação existente no discurso benjaminiano, como um leitor atento já alertou (ver Aguirre, 1994, p. 7), são, de certa maneira, uma resposta às interrupções e rupturas que ocorreram na biografia do crítico alemão: o fim abrupto de sua carreira acadêmica, os sucessivos exílios, a precariedade de seus empregos, sua atividade ocasional como jornalista, suas crises depressivas. As atribulações pessoais e os efeitos sobre sua obra, e principalmente de *Das Passagenwerke*, o monumental projeto que o acompanhou até o final de sua vida, não são muito diferentes daquelas que marcaram os *Quaderni del carcere*, de Antonio Gramsci, ou mesmo *Das Kapital*, de Marx.[1] A existência do autor condicionava, assim, sua atividade teórica, da mesma forma que os grandes acontecimentos da conjuntura contemporânea imiscuíam-se na cotidianidade de sua existência, como podemos ver na sua resposta a uma carta de seu amigo Bertold Brecht, datada de 1933: "temos rádio, periódicos, baralhos, logo seus

---

1   Sobre a composição dos *Quaderni del carcere* ver Gerratana (1998). A publicação das *Marx Engels Gesamtausgabe* (Mega) evidenciou o caráter provisório e inacabado da *magnum opus* de Marx. Ver, por exemplo, os comentários de Dussel (1994) a respeito das várias redações de *O Capital*.

livros, estufas, pequenos cafés, uma língua assombrosamente fácil, e o mundo também aqui está desmoronando, mas com mais calma" (*apud* Aguirre, 1994, p. 8).

Mas ao contrário de Gramsci, e mesmo de Marx, para os quais a fragmentação parece ter sido uma imposição externa à obra, em Benjamin ela não era unicamente biográfica. Era também uma solução metodológica compatível com a diversidade de suas fontes inspiradoras – que iam da teologia judaica ao marxismo – e a sua convicção de que a atividade do materialista histórico deveria ser explodir o *continuum* da historia, presente tanto no artigo sobre Fuchs como nas teses *Über den Begriff der Geschichte*. Como opção metodológica, a fragmentação expressava a diversidade do real.

Nem a fragmentação biográfica nem a metodológica impediram a preservação de alguns temas entre as preocupações do autor. Essa preservação aparece sob a forma de recorrências. São pequenos segmentos que se repetem sob diferentes formas em diversos momentos de sua obra. Não estão ali ocultos, sua presença é facilmente perceptível, informando ao leitor a manutenção de uma problemática à qual ele já deveria estar familiarizado.

Dentre esses segmentos merece destaque aquele que tematiza o empobrecimento da experiência. Em *Erfahrung und Armut* (*Experiência e pobreza*) é disso que Benjamin trata. Nesse ensaio, de 1933, o crítico alemão tomou como ponto de partida uma parábola. Nela, um velho pai, no leito de morte, revelou a seus descendentes que um tesouro estava escondido no vinhedo da família. À procura de tal tesouro, os filhos cavaram sem nada encontrar. Mas o outono trouxe produtivos vinhedos e percebem o que seu pai quisera dizer: a felicidade é fruto do trabalho.

192 ALVARO BIANCHI

O que o pai transmitiu a seus filhos nessa parábola foi, segundo Benjamin, "certa experiência" (2005, v. 2, p. 731). A experiência foi comunicada sob a forma de parábola, mas ela também pode, em outras ocasiões, assumir a forma de profecia, de conselho, de narrativa. Ela pressupõe, portanto, que seja experiência partilhada por uma coletividade (*Erfahrung*) contraposta à vivência particular e privada (*Erlebnis*). Segundo Leandro Konder,

> "Erfharung" é o conhecimento obtido através de uma experiência que se acumula, que se prolonga, que se desdobra, como numa viagem (e viajar, em alemão, é fahren); o sujeito integrado numa comunidade dispõe de critérios que lhe permitem ir sedimentando as coisas com o tempo. "Erlebnis" é a vivência do indivíduo privado, isolado; é a impressão forte, que precisa ser assimilada às pressas, que produz efeitos imediatos (Konder, 1989, p. 72).

Para Walter Benjamin, era essa capacidade de partilhar experiências o que se encontrava em declínio. A afirmação pode parecer paradoxal. Quando o crítico alemão fez esse poderoso vaticínio, o mundo havia acabado de viver uma das mais terríveis experiências da história, a Guerra Mundial, que começou em 1914 e se prolongou até 1918. Mas foi justamente a Guerra o acontecimento que colocou em evidência o declínio da experiência. "Não se percebia na época como as pessoas voltavam do front em silêncio? Mais pobres em experiências comunicáveis, e não mais ricos?", perguntava Benjamin (2005, v. 2, p. 131).

A Guerra e seus horrores modificaram não só o mundo exterior, como abalaram o universo ético de tal forma que não deixou nada para ser contado. Já vários autores trataram do abalo provocado por situações para as quais a experiência nada tem a dizer. A guerra é, provavelmente, pela sua violência e horror, a mais marcante destas situações.[2] À devastação e desmoralização trazidas por ela, Benjamin acrescentou aquelas postas pela hiperinflação do pós-guerra na Alemanha, pela fome, pela corrupção dos governantes e pelo monstruoso desenvolvimento da técnica. É nesse mundo completamente transformado que a experiência perdeu significado. A conclusão de Benjamin é estarrecedora: "De fato (admitamos), nossa pobreza de experiência não é apenas privada, mas pobreza da espécie humana em geral. Daí um novo tipo de barbárie" (2005, v. 2, p. 732).

O que era para Benjamin essa "nova barbárie"? O autor introduzia, aqui, um "conceito novo, positivo, de barbárie" (*idem*). Para o bárbaro, a pobreza de experiência o induz a partir para frente e começar com pouco, ela tem um potencial inovador e criador. Foi a partir desse potencial que homens como Albert Einstein e Paul Klee abandonaram os cânones da ciência e da arte precedentes e se lançaram à construção do novo. Não se deve pensar, entretanto, que esse tipo de homem aspire novas experiências: "eles aspiram a libertar-se de toda experiência, aspiram a um mundo em que pudessem fazer uso puro e decidido de sua pobreza – sua pobreza externa e, finalmente, também sua pobreza interna – e que isso pudesse levar a algo respeitável" (*idem*, p. 734).

---

2   Alfred Schutz, no ensaio "A volta ao lar", observou que os soldados que voltavam para casa, quando conseguiam falar sobre suas experiências, ficavam assombrados ao perceber que seus ouvintes não conseguiam perceber a singularidade delas (Schutz, 1975, p. 115). Foram sem dúvida Auschwitz e o holocausto durante a Segunda Guerra Mundial os acontecimentos que provocaram de forma mais intensa esse abalo. Foi justamente essa intensidade que emudeceu a literatura judaica por cerca de vinte anos. Nos primeiros anos do pós-guerra, pouquíssimas obras ficcionais foram escritas sobre a temática do holocausto (a *schoá*, palavra bíblica que significa destruição, em hebraico) por absoluta incapacidade emocional (Berezin, 1995, p. 223).

194 ALVARO BIANCHI

A solução apresentada por Benjamin à perda da experiência não deixa de surpreender. O retrato que ele fez de seu tempo foi devastador e nada condescendente. Não deixou de falar da crise econômica e da sombra da próxima guerra. Mas, ao mesmo tempo, afirmou a existência de um pequeno grupo de homens, *"bárbaros no bom sentido"*, ou seja, portadores do novo:

> Em seus edifícios, quadros e narrativas, a humanidade se prepara para sobreviver à cultura se necessário. E o mais importante é que ela faz isso rindo. Esse riso pode ocasionalmente soar bárbaro. Ótimo. Isso nos dá a esperança de que de tempos em tempos possa o indivíduo dar um pouco de humanidade àquela massa, a qual um dia poderá retribuir-lhe com juros compostos (*idem*, p. 735).

No pequeno ensaio sobre Nikolai Leskov, *Der Erzähler* (*O narrador*) (1936), Walter Benjamin retomou algumas das ideias apresentadas em *Erfahrung und Armut*. Se Benjamin abordou neste curto mas precioso ensaio a desvalorização da experiência e o fim da figura do narrador, não foi, entretanto, para lamentar o fim de uma época ou para anunciar uma "nova barbárie", como em *Erfahrung und Armut*. Seu objetivo era mostrar que na atividade do narrador pode ser encontrada uma missão que não perdeu sua atualidade: a retomada salvadora do passado (Gagnebin, 1994, p. 71). Esta é, também, a missão do historiador materialista, como veremos mais adiante.

Em Benjamin, essa temática permite desvendar os vínculos existentes entre sua teoria da história e sua teoria da literatura. Estes vínculos, como Jeanne Marie Gagnebin (1994, p. 2-3) destacou, podem ser remetidos aos muitos significados que o vocábulo história assume nas línguas latinas. É a história como processo real, como acontecimento vivido; é a história como disciplina; e é a história como narração. Em alemão, frequentemente utiliza-se a expressão *Geschichte* para os dois primeiros sentidos e *Erzählung* para o terceiro. Permanece nessa distinção, entretanto, a confusão entre conhecimento (a história como disciplina) e objeto do conhecimento (o acontecimento vivido). Foi justamente para evitar as ambiguidades do termo e marcar essa distinção que muitos sugeriram a utilização da distinção entre *Historie* e *Geschichte*, entre historiografia e história.

A solução apresentada por Benjamin afasta-se desse caminho fácil e procura restabelecer a unidade entre história, narrativa e historiografia. Criticando tanto a historiografia historicista alemã e a social-democrata, narrativas dos grandes acontecimentos, Benjamin diluiu as fronteiras entre *Geschichte, Erzählung e Histoire* sem, entretanto, confundir essas três dimensões da atividade humana. O que se verifica em sua obra é, antes de tudo, uma interdependência entre as realidades e práticas descritas por esses termos, uma profunda vinculação entre o acontecido, o narrado e o fazer do historiador. Era essa interdependência que permitia ao crítico alemão transitar da crítica literária à crítica da historiografia; do comentário da obra à análise da realidade.

Foi em seu ensaio intitulado *Der Erzähler* que Benjamin levou essa unidade às últimas consequências. Trata-se de um texto crucial pela posição que ocupa no conjunto da obra benjaminiana e, segundo a opinião de Frederic Jameson, provavelmente a obra-prima desse autor (Jameson, 1985, p. 66). No ensaio sobre Leskov, Benjamin retomou quase literalmente o diagnóstico de *Erfahrung und Armut*. Procurou estabelecer os liames existentes entre o empobrecimento da experiência e o declínio da narração tradicional, apresentando, entretanto, solução diferente para o mesmo problema. Esses liames são dos mais fortes. Todos os narradores se alimentaram da experiência transmitida de pessoa a pessoa e não é segredo que dentre as narrativas escritas, as melhores são as mais parecidas às histórias orais transmitidas pelo grande número de narradores anônimos.

Dentre esses anônimos narradores, Benjamin destacou dois grupos sociais: o agricultor sedentário, que permanecendo em seu país tratava de sobreviver e aprendia as histórias e tradições locais; e o marinheiro empenhado em seu comércio, que muito viajando, muito tinha a contar. Estes grupos, representantes de tipos arcaicos da narração, afluíram à oficina medieval na qual conviviam o mestre sedentário e o aprendiz errante, o saber do passado, preservado pelo primeiro, e o saber das terras distantes, trazido pelo segundo.

A cadência do trabalho artesanal criava um ambiente propício à narração. A memorização das narrativas tornava-se mais fácil e natural se o narrador e o ouvinte renunciassem às sutilezas psicológicas e mais fácil seria ele assimilá-las à sua própria experiência e recontá-las algum dia. Para tanto seria necessária uma grande distensão psíquica. Ora, o tédio é o ponto mais alto dessa distensão e o ritmo cadenciado do trabalho na oficina medieval é um ambiente propício para tal situação. Quando esse ritmo se apodera do narrador, este se torna capaz de contar histórias e de aprendê-las rapidamente. A relação existente entre o trabalho artesanal e a arte de contar não escapou ao conhecimento dos melhores narradores. O próprio Nicolai Leskov equiparava a arte de narrar com um ofício manual, ideia que Benjamin retomou ao afirmar que o narrador imprime seu sinal no ouvinte "como a mão do oleiro no vaso de argila" (Benjamin, 2005, v. 3, p. 149).

Mas se essa narrativa encontrava na oficina medieval o ambiente mais propício para seu desenvolvimento, o declínio desse ambiente não deixaria de influenciar seu destino. Diz Benjamin:

ARQUEOMARXISMO

Isso, entretanto, é um processo que tem se desenvolvido por um longo tempo. (...) Ele é, melhor, apenas concomitante da evolução secular das forças produtivas da história; um sintoma que tem gradativamente removido a narrativa da esfera do discurso vivo e ao mesmo tempo torna-lhe possível encontrar uma nova beleza naquilo que está desaparecendo (*idem*, p. 146).

O romance e a imprensa são as duas formas opostas à narrativa analisadas por Benjamin, formas essas que encontrarão terreno fértil para seu desenvolvimento no novo mundo que surgiu em substituição à oficina medieval. O surgimento do romance no mundo moderno, cuja divulgação está associada ao aparecimento de uma base técnica adequada, é um sinal da decadência da narrativa. O romance não está associado à tradição oral. Enquanto a narração nasce do intercâmbio com o público, ou seja, das experiências partilhadas pelo narrador e por aquele que o ouve ou lê, o romance é fruto da atividade individual e isolada do escritor. Este não aconselha seus leitores nem tampouco recebe conselhos. Assim como a narrativa tinha seus portadores característicos nos grupos sociais que se faziam presentes na oficina medieval, o romance está associado à burguesia ascendente. Com a consolidação dessa burguesia destacou-se uma forma de comunicação, a informação, tão estranha à narrativa quanto o próprio romance, mas muito mais perigosa.

Benjamin retomou a relação existente entre o declínio da narrativa tradicional e essa nova forma de comunicação no contexto de sua pesquisa sobre Baudelaire (Benjamin, 2005, v. 4, p. 316). Ao contrário da narrativa, a imprensa não tem como objetivo fazer com que o leitor se aproprie de suas informações como parte de sua experiência.

198 ALVARO BIANCHI

Na narração, o acontecido penetra na vida do relator é oferecido aos ouvintes como experiência. O objetivo da informação é o oposto, é

> excluir rigorosamente os acontecimentos do contexto em que poderiam afetar a experiência do leitor. Os princípios da informação jornalística (novidade, brevidade, inteligibilidade, e, sobretudo, falta de qualquer conexão entre uma notícia e outra) contribuem tanto para esse resultado quanto o layout das páginas e o estilo da escrita (*idem*).

A narração aparece em Benjamin como uma atividade historicamente definida, associada à forma de viver de determinados grupos sociais. Para Frederic Jameson,

> o reconto não é apenas uma modalidade psicológica de narrar o passado, uma recordação deste: para Benjamin, é também um modo de contato com uma forma desaparecida de existência social e histórica, e é nessa correlação entre a atividade de narrar e a forma concreta de certo modo de produção historicamente determinado que Benjamin pode nos servir como um modelo de crítica literária marxista no que esta tem de mais revelador (1985, p. 68).

Não se trata, entretanto, para Benjamin, apenas de uma forma de contato da narrativa com a *Geschichte*, com modos de viver historicamente determinados. A narrativa também está em íntimo contato com a *Historie*, ou seja, com o fazer do historiador, com a historiografia propriamente dita. Há uma profunda relação entre a forma da narração e a historiografia. O ofício daquele que narra a história, o cronista, se assemelha ao do historiador. O cronista relata a história, mas o historiador é compelido a ir além e explicar de uma ou outra forma os acontecimentos registrados. O historiador não pode limitar-se a apresentar

ARQUEOMARXISMO

os episódios com os quais lida como modelos da história do mundo, o cronista, por sua vez, pode sim proceder dessa forma. Principalmente o cronista medieval que se livrava da tarefa explicativa colocando na base de sua historiografia os indecifráveis desígnios divinos.

O cronista desprovido dessa interpretação religiosa é o narrador. Ao produzir sua narrativa, esse narrador sempre tem um propósito definido. Ele é uma espécie de conselheiro de seu ouvinte. O narrador, escreveu Benjamin, é um homem que sabe "dar conselhos", alguém capaz de "fazer uma proposta referente à continuação de uma história a qual está se desdobrando" (2005, v. 3, p. 146).

O declínio da experiência esvaziou essa capacidade de transmitir um conselho, tanto porque não há o que aconselhar como porque se perdeu a capacidade de saber narrar uma história, condição necessária para transmitir esse conselho. Para Benjamin: "Um conselho, fiado no tecido da existência vivida, é sabedoria. A arte de narrar aproxima-se de seu fim porque o lado épico da verdade – a sabedoria – está desaparecendo" (2005, v. 3, p. 146).

É a busca da sabedoria, a sede pelo conselho útil, capaz de enriquecer a vida, que faz o ouvinte procurar se apoderar daquilo que está contido na narração. Esta transmissão de conhecimentos é fundada pela rememoração (*Eingedenken*), que inclui todas as variáveis da forma épica e, particularmente, a do narrador. Mas a desagregação desta origem comum a todas as formas consolidou a separação entre o romance, baseado na lembrança individual (*Erinnerung*), e a narração, baseada na memória coletiva (*Gedächtnis*).

Memória e História

O tema da memória encontra-se desenvolvido por Benjamin no seu ensaio sobre a obra de Proust (1929). Proust, afirmou Benjamin, não escreveu em sua obra "uma vida como ela de fato foi [*wie es gewesen ist*], mas uma vida como foi lembrada por aquele que a viveu" (Benjamin, 2005, v. 2, p. 238). Para o autor que lembra, o mais importante não é o que viveu e sim o trabalho de rememoração.

Este trabalho da memória involuntária encontra-se próximo do trabalho de esquecimento, pois nesse processo espontâneo lembrar é, também, esquecer. E se aquilo que é vivido é finito, o acontecimento lembrado rompe com os limites impostos pela esfera do vivido e, ilimitado, torna-se uma chave para tudo o que veio antes e depois. Diz Benjamin:

> Não estaria essa rememoração involuntária [das ungewolte Eingedenken], a memória involuntária de Proust, mais próxima do esquecimento do que daquilo que comumente se chama lembrança [Erinnerung]? Não seria esta obra de rememoração espontânea [spontanen eingedenkens], onde a recordação é a trama, e o esquecimento a manta, a contrapartida do trabalho de Penélope, mais que sua parecença? Pois aqui o dia desfaz aquilo que a noite teceu. Ao acordarmos, cada manhã, temos em nossas mãos apenas alguns fios frágeis e soltos da tapeçaria da existência vivida, tal como foi tecida para nós pelo esquecimento. Entretanto, com a atividade intencional e, mais anda, com as lembranças intencionais, cada dia desfaz a trama, os ornamentos do esquecimento (2005, v. 2, p. 238).

É na rememoração (*Eingedenken*) que se manifesta internamente o fluxo do tempo. Este mesmo fluxo aparece externamente como envelhecimento. A *mémoire involontaire* é a fonte da juventude capaz de

ARQUEOMARXISMO

fazer voltar a roda do tempo invertendo seu fluxo inevitável e o envelhecimento dele decorrente. Esse momento fugaz, no qual a *mémoire involontaire* faz com que o passado se reflita em um instante do presente, permite que aquilo que de outra forma murcharia e se extinguiria gradualmente seja consumido com a velocidade de um relâmpago.

Benjamin forneceu algumas pistas para esclarecer a relação existente entre a memória voluntária e a memória involuntária em *Über einige Motive bei Baudelaire* (*Sobre alguns temas em Baudelaire*) (2005, v. 4, p. 314-355). Em Bergson, argumentou o autor, a estrutura da memória é decisiva para a estrutura filosófica da experiência. Para ele a experiência consistiria mais em dados acumulados, frequentemente inconscientes, que afluem na memória, do que acontecimentos isolados fixados na lembrança. Proust produzia, artificialmente, essa experiência tal como era entendida por Bergson. Mas para o filósofo, a atualização intuitiva do fluxo vital era uma questão de livre arbítrio, enquanto para o literato a *mémoire pure* de Bergson se transformava na *mémoire involontaire*. Proust confrontava a memória involuntária com a memória voluntária. Esta última era a lembrança voluntária que informava sobre o passado embora nada conserve dele. Encontrar o passado dependia unicamente do acaso para Proust. Somente o acaso poderia permitir que cada um se tornasse senhor de sua própria experiência.

A *mémoire involontaire* pertence ao repertório da pessoa particular, do indivíduo isolado. E não resta dúvida que Proust era em sua atividade de romancista um indivíduo isolado. Escrevendo *À la recherche du temps perdu* esse autor assemelhava-se aos filósofos descritos por Marx, que acreditavam libertar o mundo por meio exclusivamente de ideias. Os personagens que nessa obra ganhavam vida ocupariam seus lugares apenas devido à vontade e à imaginação do romancista.

Na famosa passagem na qual ao saborear uma *madeleine* um fluxo re-memorativo era ativado, pessoas e situações vieram à mente do autor. Mas as pessoas que habitavam esse fluxo tinham uma existência fora da lembrança; eram homens e mulheres de seu tempo e tinham suas próprias recordações. O que unia essas diferentes recordações era uma existência comum e uma experiência partilhada organizadas em torno de um passado coletivo.

Assim, alerta Benjamin: "Onde há experiência [*Erfahrung*] no sentido estrito do termo, certos conteúdos do passado individual combinam-se na memória [*Gedächtnis*] com material do passado coletivo. (...) Desse modo, as recordações voluntárias e involuntárias cessam de ser mutuamente exclusivas" (2005, v. 4, p. 316). Esta passagem indica que, ao contrário de Proust, Benjamin não atribuía um valor exclusivo à memória involuntária. Segundo Willi Bolle, "interessado na fusão dos materiais da recordação biográfica e social, ele [Benjamin] desenvolve um modelo de rememoração que incorpora também o elemento voluntário" (Bolle, 1994, p. 327).

Desse modo, "é a intenção, não o acaso, que está em primeiro lugar no trabalho benjaminiano da memória" (*idem*, p. 330). O trabalho de memória para Benjamin não é o da pessoa particular e isolada. Ele se refere a materiais do passado coletivo, conteúdos históricos partilhados, reconhecíveis, portanto, por uma coletividade. Esta memória, à qual se chega depois de longos esforços de procura e que se revela na forma de um instantâneo, permite ao sujeito reencontrar uma imagem indestrutível da própria identidade.

Resta saber, entretanto, qual a verdadeira relação existente entre memória voluntária e memória involuntária. Para solucionar esse enigma, Benjamin recorreu a algumas hipóteses apontadas por Freud.

ARQUEOMARXISMO

Ele não procurou, entretanto, demonstrar essas hipóteses e sim experimentar sua relevância tomando como base associações muito diferentes daquelas que Freud utilizou ao formulá-las. A hipótese retomada por Benjamin é aquela que afirma a separação entre a consciência e a persistência de um traço mnemônico. Estes resíduos mnemônicos apresentam-se com maior intensidade se o processo do qual resultaram nunca chegou a ser consciente.

Para Freud, a consciência não era capaz de acolher traços mnemônicos. Sua função seria outra: servir de proteção contra certos estímulos. A ruptura de proteção contra esses estímulos provocaria, de acordo com a teoria psicanalítica, o choque traumático. Seria possível, entretanto, treinar o controle dos estímulos de modo a facilitar a recepção dos choque através do sonho e da lembrança. Esse treino diz respeito à consciência desperta. Captado e aparado pela consciência, o acontecimento que provoca o choque assume o caráter de "vivência". Benjamin conclui então: "Talvez a especial realização da resistência ao choque seja o modo de atribuir um incidente a um ponto temporal preciso na consciência, à custa da integridade de seu conteúdo" (2005, v. 4, p. 319). Se as defesas contra o *choque* falhassem, devido ao funcionamento defeituoso da reflexão, o resultado seria o espanto agradável ou no mais das vezes desagradável. Baudelaire, afirmou Benjamin, colocou esse espanto a serviço de sua obra, alocando "a experiência do choque [*Chockerfahrung*] no âmago de sua arte" (*idem*).

Para Jeanne Marie Gagnebin (1994), na crítica que Benjamin dirige ao isolamento de Proust é preciso vislumbrar mais do que uma crítica moralizadora da esquerda. Proust não fez mais do que cumprir todos os rituais do escritor burguês que, ao contrário do narrador medieval que necessita de um público ativo para produzir, isola-se para

204 ALVARO BIANCHI

dar início ao seu fazer. Mas não era essa solidão o que caracterizava os perigos contra os quais alerta Benjamin. O perigo consiste em entregar-se ao fluxo imprevisível da memória involuntária, fluxo este que transforma o sujeito em seu servo, impondo-lhe seu ritmo, sua dispersão e, consequentemente, o esquecimento que dele resulta. "O risco aí consiste na transfiguração desse desapossamento de si mesmo numa espécie de devaneio complacente e infinito do qual o sujeito não pode mais emergir" (Gagnebin, 1994, p. 90).

Para superar esse risco é preciso confrontar o sonho com a vigília e interromper o fluxo contínuo da memória involuntária de modo a poder agir sobre o real. A forma pela qual é possível interromper esse fluxo é a rememoração (*Eingedenken*). É ela que interrompe o desenvolvimento da *Erinnerung*.

> A filosofia da história de Benjamin insiste nestes dois componentes da memória: na dinâmica infinita de Erinerung, que submerge a memória individual e restrita, mas também na concentração de Eingedenken, que interrompe o rio, que recolhe, num só instante privilegiado, as migalhas dispersas do passado para oferecê-las à atenção do presente. As imagens dialéticas nascem da profusão da lembrança, mas só adquirem uma forma verdadeira através da intensidade imobilizadora da rememoração (*idem*, p. 91).

RESGATANDO O FUTURO

A ideia de um momento que concentra energias e tensiona ao extremo o sujeito carregado de lembranças, um momento de despertar, está presente também nas teses *Über den Begriff der Geschichte* (*Sobre o conceito de história*) (Benjamin, 2005, v. 4, p. 389-400). As teses se articulam em dois níveis que não podem ser separados: a crítica à

ARQUEOMARXISMO

concepção de tempo e progresso presentes na historiografia dominante e a formulação de uma teoria da história alternativa.

A historiografia historicista, segundo Benjamin, demonstra empatia ao recomendar que se esqueça tudo o que se sabe sobre as fases anteriores a uma época para ressuscitá-la. Para tal, a história deveria erradicar todo vestígio de seu papel original de rememoração, todo lamento da história, acomodando-se aos cânones de uma história "científica". Este método não era apenas fraudulento. Ele era, também, intransparente (Benjamin, v. 4, p. 401). O materialismo histórico rompeu com esse método, segundo Benjamin, criando as bases para uma nova compreensão da história e um novo uso.

Amarrada à ideia de progresso, a historiografia historicista assentava-se em três ideias fundamentais. A primeira delas era a ideia de uma história universal na qual todo acontecimento passado justifica-se a partir do presente. A segunda era a ideia de uma história épica, recheada de grandes personagens e de feitos heroicos, e na qual a memória dos anônimos não tem lugar. A terceira ideia era, segundo Benjamin, a mais importante: a empatia com os vitoriosos (2005, v. 4, p. 408). A empatia dos historicistas estava com os vencedores: "E todos os dominantes são os herdeiros dos conquistadores precedentes. Por isso a empatia com os vencedores invariavelmente beneficia os atuais dominadores" (*idem*, p. 391). O materialismo histórico toma distância dessas três ideias aconselhando a "*escovar a história a contrapelo*" (*idem*, p. 392).

A ideia de escovar a história a contrapelo tem um forte caráter metodológico. Ao invés de proceder como o historicismo, que parte cronologicamente dos primórdios e reconstrói o passado com vistas a apresentar o presente como o inevitável ponto de culminância do desenvolvimento histórico, Benjamin propõe nostalgicamente

206 ALVARO BIANCHI

reencontrar o passado no presente. Sua teoria da experiência que pode ser resgatada por meio da rememoração dava corpo a esse novo método dialético e materialista.

Não era apenas o historicismo que recebia a oposição de Benjamin. Este também confrontou a concepção de história da social-democracia alemã, que considerava o desenvolvimento técnico como o declive da corrente na qual supunha estar nadando. A social-democracia filiava-se à ideia de progresso, um progresso da humanidade em si e não de suas capacidades e conhecimentos. Benjamin retomou, assim, sua aguda crítica à social-democracia levada a cabo em *Eduard Fuchs, der Sammler und der Historiker* (*Eduard Fuchs, colecionador e historiador*).[3]

Nesse ensaio sobre a obra de Eduard Fuchs, criticou a influência do darwinismo sobre a concepção social-democrática da história. Presente no partido desde seu nascimento, foi através do revisionismo de Eduard Bernstein que a concepção evolucionista da história tornou-se ainda mais forte. E mais forte ainda ficava quanto menos o partido se mostrava disposto a arriscar o que havia conquistado em sua mobilização contra o capitalismo (Benjamin, 2005, v. 3, p. 273-274). Para Benjamin, esse corte evolucionista permitiu ao partido manter uma inabalável confiança na vitória durante os duros anos das leis antissocialistas promulgadas por Bismarck:

> Por ora, sem confiança nenhuma classe poderá, a longo prazo, entrar com algum sucesso na esfera política. Mas há uma diferença entre o

---

3 O forte nexo entre o texto sobre Eduard Fuchs redigido em 1937 e *Über den Begriff der Geschichte* fica evidente nos fragmentos redigidos por Benjamin para a composição de suas teses. Em um importante fragmento sobre a imagem dialética, no qual a crítica à historiografia historicista era esboçada, registrou: "Excertos do ensaio sobre Fuchs" (Benjamin, 2005, v. 4, p. 407).

ARQUEOMARXISMO

otimismo referir-se à força ativa da classe ou às circunstâncias sobre as quais opera. A social-democracia tendia para o segundo – questionável – tipo de otimismo (*idem*, p. 273-274).

Esse otimismo fazia certo um futuro melhor, bastando dar tempo ao tempo para que ele se revelasse em toda sua plenitude. Ele teria ocupado uma função importante para consolidar a estrutura do partido em um momento no qual o futuro parecia incerto. Nessas circunstâncias, a confiança no futuro permitia manter a confiança da classe operária em seus chefes. Mas se num primeiro momento esse otimismo contribuiu para fortalecer o partido, logo a seguir se transformou em um elemento de morfinismo. A confiança iluminista no futuro reforçava a ideia de que era necessário fazer muito pouco para chegar nele, de que o curso normal do rio levaria ao lugar desejado. Nada exerceu pior influência sobre a classe operária alemã, segundo Benjamin, do que a ideia "*de que ela movia-se a favor da corrente*" (2005, v. 4, p. 393).

Essa crítica era seguida por uma observação áspera, porém implícita, sobre o stalinismo. Assim como Leon Trotsky e outros comunistas de esquerda, Benjamin havia condenado o acordo de não agressão Hitler-Stalin (cf. Löwy, 2005, p. 97). Nas teses, o acordo não era citado, assim como os partidos comunistas não recebiam nenhuma menção. Mas a presença deles é evidente. Somente assim será possível entender a afirmação de Benjamin de que "os políticos nos quais os adversários do fascismo tinham depositado as suas esperanças encontram-se prostrados e confirmam sua derrota traindo a sua própria causa" (*idem*). Se isso não bastasse, haveria ainda a afirmação de Benjamin considerando como aspectos da mesma realidade "a obstinada fé no progresso desses políticos, sua confiança no 'apoio das massas' e, finalmente, sua servil subordinação a um aparelho incontrolável" (*idem*).[4]

Escrevendo após a ascensão de Hitler ao poder e às portas da Segunda Guerra Mundial, Benjamin sabia muito bem aonde a correnteza conduzia. O 6º Congresso da Internacional, realizado em 1928, expressou o otimismo do progresso na definição de um "terceiro período" na situação mundial, marcado pela "agudização da contradição entre o crescimento das força produtivas e a limitação dos mercados". Nesse período teriam lugar "de novas guerra imperialistas entre Estados imperialistas, destes últimos contra a União Soviética, de guerras de libertação nacional contra o imperialismo e contra suas intervenções, de gigantescas lutas de classes" (Agosti, 1976, p. 933). O otimismo sectário dessas resoluções redundou na definição da social-democracia como "a ala moderada do fascismo" (Stalin, 1954, v. 6, p. 294).

O impacto dessa política na Alemanha foi desastroso. O otimismo da social-democracia e do stalinismo pavimentou desse modo a estrada que o nazismo percorreu para chegar ao poder. A contundência da crítica benjaminiana ao marxismo vulgar era, assim, parte de um severo juízo político. A confiança no progresso produzia a reprodução do *status quo*. Daí a importância do materialismo histórico criticar a ideia de progresso. Benjamin considerava um dos

---

4 Chrysoula Kambas (1986) observa que a análise da correspondência de Benjamin com o socialista cristão Fritz Lieb demonstra que sua atitude crítica para com os partidos comunistas data de antes do acordo Hitler-Stalin. Já durante o governo da Frente Popular presidido pelo socialista Leon Blum e apoiado ativamente pelo Partido Comunista Francês, criticava duramente as lideranças que haviam roubado dos operários "seu elementar senso de ação instintiva – seu senso infalível de quando e sob quais condições uma ação legal dever dar lugar a uma ilegal e quando uma ação ilegal precisa se tornar violenta" (*apud* Kambas, 1996, p. 93).

objetivos principais de seu trabalho assentar as bases para uma teoria da história expurgada da ideia de progresso e que, dessa forma, se contrapusesse aos "hábitos burgueses de pensar". O conceito fundamental desse materialismo histórico não era o "o de progresso, mas o de atualização" (Benjamin, 2002, p. 460).

Ao estúpido otimismo da social-democracia e do stalinismo, Benjamin contrapôs a ideia de "organizar o pessimismo". Essa ideia, presente no livro de Pierre Naville *La revolution et les intellectuels* (1927), contrapunha-se ao otimismo da fórmula surrealista que exigia "mobilizar para a revolução as energias da embriaguês" (cf. Benjamin, 2005, v. 2, p. 216). Para Naville era necessário estabelecer nitidamente a relação entre moral e política, entre aquilo que deveria ser e aquilo que é. O pessimismo de Naville era incompatível com otimismo conformista do Partido Comunista Francês e foi dele expulso, aderindo logo a seguir à Oposição de Esquerda Internacional.

Não é possível deixar de perceber a semelhança dessa fórmula de Naville e Benjamin com aquela que Antonio Gramsci considerava ser sua palavra de ordem: *"pessimismo dell'intelligenza, ottimismo della volontà"* (Q, p. 75 e 1131). O contexto no qual o marxista sardo anunciou esse mote não era muito diferente daquele para o qual Naville e Benjamin afirmavam a necessidade de organizar o pessimismo. E assim como ambos, Gramsci também distinguia o pessimismo do ceticismo. Uma atitude cética teria como resultado o mesmo conformismo que o pessimismo rejeitava. Um organizado pessimismo do intelecto, por sua vez, tinha o objetivo de fazer com que "todas as inervações do corpo coletivo se transformem em descargas revolucionárias" (Benjamin, 2005, v. 2, p. 216).

A crítica de Benjamin ao conceito de progresso não era uma crítica abstrata, era uma crítica à forma que esse conceito havia historicamente recebido. A ideia de progresso, afirmava, havia tido um papel positivo na luta da burguesia contra o Antigo Regime. Nesta luta ela era utilizada para descrever um desenvolvimento histórico específico. Mas a partir do momento em que a burguesia derrotou a velha ordem e consolidou seu poder, o conceito de progresso foi perdendo sua capacidade crítica. A ideia de seleção natural aplicada ao conjunto das atividades humanas tão em voga no século XIX transformou o progresso em um mecanismo de funcionamento automático (cf. Benjamin, 2002, p. 476).

Como automatismo o progresso tornou-se a "assinatura do processo histórico como um todo" e "passou a indicar uma hipostatização acrítica ao invés de uma interrogação crítica" (Benjamin, 2002, p. 478). Essa hipostatização acrítica identificava o presente com a realização do próprio progresso. As catástrofes que se acumularam ao longo da história, os cadáveres empilhados dos vencidos, a guerra e a destruição, tudo podia ser justificado como necessidade histórica. O progresso era assim convocado a medir a distância que separava uma origem mitológica de um fim da história igualmente mitológico. Mas esse fim da história não era senão a reprodução do presente, como na filosofia da história hegeliana.

O conformismo dos otimistas assentava-se na ideia da neutralidade do desenvolvimento técnico, considerado como fato puramente científico-natural. Benjamin ressaltou, entretanto, que esse desenvolvimento era, ao mesmo tempo, um resultado histórico, ou seja, ele era condicionado pelo capitalismo. As tradições historiográficas aqui criticadas "não reconheceram o lado destrutivo do desenvolvimento, porque eram estranhos ao lado destrutivo da dialética" (Benjamin, 2005, v. 3, p. 266). Deixaram de lado, por isso mesmo, uma circunstância chave: a de que "a técnica serve a essa sociedade somente para a produção de mercadorias" (*idem*).

O século XX presenciou a liberação de energias destrutivas por parte de uma técnica a serviço da produção de mercadorias que favorecia a técnica da guerra e sua preparação publicitária. O desenvolvimento da técnica e a própria ideia de progresso estavam em Benjamin associadas à de catástrofe, como explicita na famosa Tese IX. Nessa tese, descreveu o quadro de Paul Klee chamado *Angelus Novus*. Um anjo parece, nele, querer se afastar de algo que encara fixamente. Benjamin o compara ao anjo da história. Com seu rosto dirigido para o passado ele vê, onde outros veem progresso, "uma catástrofe única, que acumula incansavelmente, ruína sobre ruína e atira-as a seus pés" (*idem*, p. 392).[5]

A assimilação do progresso à catástrofe encontra-se, também, nos fragmentos intitulados *Zentralpark* (*Parque Central*): "O conceito de progresso deve estar fundado na ideia da catástrofe. Que as coisas sejam o 'satus quo' é a catástrofe. Ela não é a possibilidade sempre-presente, e sim aquilo que em todo caso é dado". E seguindo o pensamento de Strindberg, compara a catástrofe, e consequentemente o progresso, ao inferno, que "não é algo que nos aguarda, e sim *esta vida aqui e agora*" (Benjamin, 2005, v. 4, p. 185).

---

5 Analisando a crítica de Benjamin à ideia de progresso, Löwy destaca que as catástrofes do progresso "estão no próprio coração da modernidade: (1) A exploração destrutiva e mortífera (*mörderische*) da natureza (...) (2) O aperfeiçoamento das técnicas de guerra, cujas energias destrutivas progridem sem cessar. (...) (3) O fascismo" (Löwy, 1992, p. 120-121).

212 ALVARO BIANCHI

Etienne Balibar ressaltou a semelhança entre a ideia de catástrofe presente em Benjamin e a afirmação feita por Marx em *Misère de la philosophie*: "é sempre o lado mau que ao final triunfa sobre o lado bom. É o lado mau que produz o movimento que faz a história, constituindo a luta" (MECW, v. 6, p. 174). Para Benjamin, entretanto, a história não avança somente "'pelo lado mau', mas 'do lado mau', o da dominação e da ruína" (Balibar, 1995, p. 119). Os termos utilizados pelo crítico alemão remetiam, ironicamente, à famosa introdução de Hegel ao seu curso de filosofia da história que apresentava a ruína de civilizações passadas como condição para o desenvolvimento do espírito (*idem*).

A ideia de progresso não pode ser separada de um tempo vazio e homogêneo, um tempo indiferente e infinito, que corre sempre igual a si mesmo. Mas o objeto da história não é a construção cujo lugar seja um tempo vazio e homogêneo e sim um tempo saturado de "agoras", daquilo que é absolutamente presente mas que aparece como unidade entre o passado, o presente e um possível futuro. O agora é, assim, a atualização do passado no presente.

Nesse é o ponto no qual Benjamin começou a dar contornos mais nítidos à sua teoria da história. O movimento de atualização do passado implicava uma reconstrução de uma significação que não era idêntica à significação do passado, embora nela se referencie. O movimento de atualização é um movimento de transformação do passado e do presente. Nesse sentido, ele é construção. Benjamin ilustrou isso com a apropriação realizada pelos jacobinos do ideário da Roma antiga. Para Robespierre, Paris era uma Roma renascida, trazida para o presente através de um salto de tigre em direção ao passado levado a cabo em uma arena comandada pela classe dominante. Realizado sobre o livre céu da história, esse mesmo salto era

ARQUEOMARXISMO

denominado por Benjamin "*o salto dialético que Marx compreendeu como revolução*" (2005, v. 4, p. 395).

É esse salto o que faz explodir o *continuum* da história. O presente não é, portanto, transição para o materialista histórico. O presente é algo que pode ser parado no tempo e imobilizado de forma a fazer saltar esse *continuum*.

> Quando o pensamento para abruptamente numa constelação saturada de tensões, ele lhe dá um choque pela qual o pensamento é cristalizado como uma mônada. O materialista histórico aproxima--se de um objeto histórico apenas quando o confronta enquanto mônada. Nessa estrutura ele reconhece o sinal de uma imobilização messiânica dos acontecimentos, ou (dito de outro modo) uma oportunidade revolucionária na luta por um passado oprimido (Benjamin, 2005, v. 4, p. 396).

A luta pelo passado não é outra coisa que a tentativa de salvar o presente. O resgate do passado é o resgate do futuro. Trata-se de libertar o presente de um passado que o oprime, mas para isso é preciso liberar o passado das forças que oprimem seu próprio presente (a esse respeito ver Ivornel, 1986). Não se trata de uma determinação do presente e do futuro pelo passado e sim da coabitação dos tempos. O passado não dirige o presente, ele participa e se faz sentir no presente.

Os laços existentes entre a alternativa historiográfica construída por Benjamin e sua teoria da literatura tornam-se evidentes. A tarefa de resgatar o passado é comum tanto ao narrador, como já vimos, quanto ao *historiador materialista*. Para Benjamin, a tarefa de articular historicamente o passado significa apropriar-se de uma rememoração tal como ela relampeja no momento de um perigo.

> O materialismo histórico deseja fixar uma imagem do passado a qual inesperadamente aparece ao sujeito histórico em um momento de perigo. O perigo ameaça o conteúdo da tradição e aqueles que a herdaram. Para ambos o perigo é uma única e mesma coisa: o perigo de tornar-se uma ferramenta nas mãos das classes dominantes. (...) O único historiador capaz de atiçar a centelha da esperança no passado é aquele que está firmemente convencido que até mesmo os mortos não se encontram a salvo do inimigo se ele vencer. E esse inimigo nunca cessou de ser vitorioso (Benjamin, 2005, v. 4, p. 391).

Interromper essa série de vitórias do inimigo é a condição necessária para salvar o passado. Somente o presente emancipado de toda opressão pode libertá-lo. Para a humanidade redimida, o passado torna-se citável em cada momento. E foi com esse programa que Benjamin levou a cabo sua atividade de historiador.

BIBLIOGRAFIA

AGGIO, Alberto. "Inverter a revolução passiva: uma política democrática para a reforma do Estado". *Folha de S. Paulo*, São Paulo, 10 abr. 1999.

AGOSTI, Aldo. *La Terza Internazionale: storia documentaria, 1924-1928*. Roma: Riuniti, t. II, 1976.

_____. "As correntes constitutivas do movimento comunista internacional". In: HOBSBAWM, Eric (org.). *História do marxismo*. Rio de Janeiro: Paz e Terra, 1988, v. 6.

AGUIRRE, Jesus. "Interrupciones sobre Walter Benjamin". In: BENJAMIN, Walter. *Discursos interrumpidos*. Barcelona: Planeta-Agostini, 1994.

ALTHUSSER, Louis. *Lenine et la philosophie: suivi de Marx et Lenine devant Hegel*. Paris: Maspero, 1972.

AVENAS, Denise. *Teoria e política no pensamento de Trotsky*. Lisboa: Delfos, 1973.

BADALONI, Nicola. "Gramsci: a filosofia da práxis como previsão". In: HOBSBAWM, Eric (org.). *História do marxismo*. Rio de Janeiro: Paz e Terra, 1991, v. X.

_____. "Liberdade individual e homem coletivo em Gramsci". In: INSTITUTO GRAMSCI. *Política e história em Gramsci*. Rio de Janeiro: Civilização Brasileira, 1978.

218 ALVARO BIANCHI

BAILEY, Sydney D. "Stalin's falsification of history: the case of the Brest Litovsk treaty". *Russian Review*, v. 14, n. 1, 1955.

BALIBAR, Étienne. *A filosofia de Marx*. Rio de Janeiro: Zahar, 1995.

BARON, Samuel H. "Plekhanov, Trotsky, and the development of soviet historiography". *Soviet Studies*, v. 26, n. 3, jul. 1974.

BASIL, John D. *The mensheviks in the Revolution of 1917*. Columbus: Slavica, 1983.

BASMANOV, M. I. *et al. El falso profeta: Trotsky y el trotskismo*. Moscou: Progresso, 1986.

_____. *La fraseología "izquierdista" al servicio de los enemigos de la paz: el trotskismo y la distensión internacional*. Moscou: Nóvosti, 1975.

_____. *Os trotskistas e a juventude*. 2ª ed. Lisboa: Estampa, 1975.

_____. *La esencia antirrevolucionaria del trotskismo contemporâneo*. La Habana: Ciencias Sociales, 1977

BENJAMIN, Walter. *Selected writings*. Cambridge, MA: Belknap, 2005, 4v.

BENOIT, Hector. "Teoria (dialética) do partido ou a negação da negação leninista". *Outubro*, n. 2, 1998, p. 47-61.

BEREZIN, Jaffa Rifka. "A schoá ou o holocausto na literatura". In: COGGIOLA, Oswaldo. *Segunda Guerra Mundial: um balanço histórico*. São Paulo: Xamã, 1995.

BERNSTEIN, Eduard. *Socialismo evolucionário*. Rio de Janeiro: Zahar/ Instituto Teotônio Vilela, 1997.

BOLLE, Willi. *Fisiognomia da metrópole moderna*. São Paulo: Fapesp/ Edusp, 1994.

ARQUEOMARXISMO

BRAGA, Ruy. "*Risorgimento*, fascismo e americanismo: a dialética da passivização". In: DIAS, Edmundo Fernandes *et al*. *O outro Gramsci*. São Paulo: Xamã, 1996.

BREWSTER, Ben. "Introducción al trabajo de Luckacs sobre el 'Manual' de Bujarin". In: BUKHARIN, Nicolai. *Teoría del materialismo histórico*. Madri: Siglo XXI, 1974, p. 37-40.

BROUÉ, Pierre. *El Partido Bolchevique*. Madri: Ayuso, 1973

BROUÈ, Pierre. *Trotsky*. Paris: Fayard, 1988.

BUCI-GLUCKSMANN, Christine. "Entrevista com Christine Buci-Glucksmann". *Revista Mexicana de Sociologia*, v. XLII, n. 1, 1980.

_____. *Gramsci e o Estado*. Rio de Janeiro: Paz e Terra, 1980.

_____. *Gramsci et l'Etat: pour une théorie matérialiste de la philosophie*. Paris: Fayard, 1975.

_____. "Sobre os problemas políticos da transição: classe operária e revolução passiva". In: INSTITUTO GRAMSCI. *Política e história em Gramsci*. Rio de Janeiro: Civilização Brasileira, 1978.

_____. *Gramsci e o Estado*. Rio de Janeiro: Paz e Terra, 1990.

BUKHARIN, Nicolai. *Teoria del materialismo historico: ensayo popular de sociologia marxista*. Madri: Siglo XXI, 1974.

CARMICHAEL, Joel. *Trotsky: an appreciation of his life*. Londres: Hodder and Stoughton, 1975.

CARR, E. H. *The Bolshevik Revolution 1917-1923*. Nova York: MacMillan, 1950-1953, 3v.

CENTRAL COMITTE OF THE C.P.S.U.(B). *History of the Communist Party of the Soviet Union (Bolsheviks)*. Nova York: International Publisher, 1939.

CLIFF, Tony. *Trotsky*. Londres: Bookmarks, 1990, 4v.

COSPITO, Giuseppe. "Struttura e sovrastruttura nei 'Quaderni' di Gramsci". *Critica Marxista*, Roma, n. 3-4, p. 98-107, maio-ago. 2000.

COUTINHO, Carlos Nelson. *Gramsci: um estudo sobre seu pensamento político*. Rio de Janeiro: Civilização Brasileira, 1999.

CROCE, Benedetto. *Introduzione ad una storia d'Europa nel secolo decimonono*. Bari: Laterza, 1931.

_____. *Materialismo historico y economia marxista*. Buenos Aires: Imán, 1942.

CUOCO, Vincenzo. *Saggio storico sulla rivoluzione napoletana del 1799*. Bari: Laterza, 1929.

DE FELICE, Franco. "Revolução passiva, fascismo, americanismo em Gramsci". In: INSTITUTO GRAMSCI. *Política e história em Gramsci*. Rio de Janeiro: Civilização Brasileira, 1978.

DEUTSCHER, Isaac. *Trotsky*. 2ª ed. Rio de Janeiro: Civilização Brasileira, 1984, 3 v.

DI BENEDETTO, Donatella. "Americanismo e corporativismo in Gramsci". *Critica Marxista*, Roma, n. 3-4, p. 88-97, maio-ago. 2000.

DIAS, Edmundo Fernandes. *Gramsci em Turim: a construção do conceito de hegemonia*. São Paulo: Xamã, 2000.

DUSSEL, Enrique. "Las cuatro redacciones de 'El Capital'". In: *Historia de la filosofía y filosofía de la liberación*. Bogotá: Nueva América, 1994, p. 221-250.

ENGELS, Firedrich. "Prefácio de 1874 a *A guerra camponesa na Alemanha*". In: MARX, Karl e ENGELS, Firedrich. *Obras escolhidas*. São Paulo: Alfa-Ômega, s.d.

FIGUÈRES, Léo. *O trotskismo*. 2ª ed. Lisboa: Estampa, 1974.

FIORI, Giuseppe. *A vida de Antonio Gramsci*. Rio de Janeiro: Paz e Terra, 1979.

GAGNEBIN, Jeanne Marie. *História e narração em Walter Benjamin*. São Paulo/Campinas: Fapesp/Perspectiva/Editora da Unicamp, 1994.

GARTHOFF, Raymond. "The Stalinist revision of History: the case of Breast-Litovsk". *World Politics*, v. 5, n. 1, p. 66-85, 1952.

GRAMSCI, Antonio. *Il materialismo storico e la filosofia di Benedetto Croce*. Turim: Einaudi, 1984.

_____. *La costruzione del partito comunista. 1923-1926*. Turim: Einaudi, 1978.

_____. *Quaderni del carcere. Edizioni critica a cura di Valentino Gerratana*. Turim: Einaudi, 1977 (citado como Q).

HIGUERAS, Gabriel García. *Trotsky en el espejo de la história*. Lima: Tarea Educativa, 2005.

IVORNEL, Phillipe. "Paris, capital of the Popular Front or ther posthumus life of the 19th century". *New German Critique*, n. 39, 1986.

JAMESON, Frederic. *Marxismo e forma: teorias dialéticas da literatura no século XX*. São Paulo: Hucitec, 1985.

KAMBAS, Chryssoula. "Politische Aktualität: Walter Benjamin's concept of history and the failure of the French Popular Front". *New German Critique*, n. 39, 1986.

KANOUSSI, Dora e MENA, Javier. *La revolución pasiva: una lectura a los Cuadernos de la Cárcel*. México D.F.: Universidad Autónoma de Puebla, 1985.

KNEI-PAZ, Baruch. "Trotsky: revolução permanente e revolução do atraso. In: HOBSBAWN: Eric J. (org.) *História do marxismo*. Rio de Janeiro: Paz e Terra, 1985, v. 5.

KONDER, Leandro. *Walter Benjamin: o marxismo da melancolia*. Rio de Janeiro: Campus, 1989.

KRASSÓ, Nicholas. "El marxismo de Trotsky". In: KRASSÓ, Nicholas; MANDEL, Ernest; JOHNSTONE, Monty. *El marxismo de Trotsky*. Córdoba: Pasado y Presente, 1970.

LABICA, Georges *et al*. *Práctica política y espíritu de partido em filosofia*. México D.F.: Roca, 1977.

"LAST PLEA of Bukharin". *The Slavonic and East European Review*, v. 17, n. 49, p. 128-129, 1938.

LEFEBVRE, Henri. *O pensamento de Lenin*. Lisboa: Moraes, 1969.

LENIN, V. I. *Collected works*. Moscou: Foreign Lenguages, 1963 (citado como LCW).

_____. *Obras completas*. Madri: Akal, 1976 (citado como LOC).

_____. *Trotzky julgado por Lenine*. Rio de Janeiro: Calvino, s.d.

_____. "Duas táticas da social-democracia na revolução democrática". In: *Obras escolhidas*. Lisboa: Avante, 1984, v. 1.

LESLIE, Esther. *Walter Benjamin: overpowering conformism*. Londres: Pluto, 2000.

LIBKNECHT, Karl. *Militarismo, guerre, revolution*. Paris: Maspero, 1970.

LISA, Athos. "Discusión política com Gramsci en la cárcel". In: GRAMSCI, Antonio. *Escritos políticos (1917-1933)*. México D.F.: Siglo XXI, 1981, p. 376-386.

LÖWY, Michael. *Método dialético e teoria política*. São Paulo: Paz e Terra, 1978.

_____. "A escola de Frankfurt e a modernidade. Benjamin e Habermas". *Novos Estudos Cebrap*, São Paulo, n. 32, 1992.

_____. "A teoria do desenvolvimento desigual e combinado". *Outubro*, n. 1, p. 73-80, 1998.

_____. *Walter Benjamin. Aviso de incêndio: uma leitura das teses "sobre o conceito de história"*. São Paulo: Boitempo, 2005.

LUKÁCS, György. "Carta sobre o stalinismo". *Temas de Ciências Humanas*, São Paulo, n. 1, p. 1-17, 1977.

_____. *História e consciência de classe*. Rio de Janeiro: Elfos, 1989.

_____. *Lukács sobre Lenin. 1924-1970*. Barcelona: Grijalbo, 1974.

_____. "Tecnologia y relaciones sociales". In: BUKHARIN, Nicolai. *Teoria del materialismo historico*. Madri: Siglo XXI, 1974, p. 41-51.

LUXEMBURG, Rosa. *Oeuvres*. Paris: Maspero, 1969, 4v.

MAGNES, Judah L. *Russia and German at Brest Litovsk: a documentary history of peace negotiations*. Nova York: The Rand School of Social Sciences, 1919.

MANDEL, Ernest. *El capital: cien años de controversias en torno a la obra de Karl Marx*. México D.F.: Siglo XXI, 1985.

_____. *Trotsky como alternativa*. São Paulo: Xamã, 1995.

MARIE, Jean-Jacques. *Trotsky: révolutionnaire sans frontières*. Paris: Payot, 2006.

MARTENS, Ludo. *Stalin: um novo olhar*. Rio de Janeiro: Revan, 2003.

MARX, Karl e ENGELS, Friedrich. *Collected works*. Nova York: International Publisher, 1976ss. (citado como MECW).

224 ALVARO BIANCHI

_____. *Selected correspondence*. Moscou: Progress, 1965.

MARX, Karl. *Capital*. Londres: Penguin, 1990.

MAVRAKIS, Kostas. *Du trotskysme: questions de theorie et d histoire*. Paris: F. Maspero, 1971.

MAYER, Robert. "Lenin and the practice of dialectical thinking". *Science & Society*, v. 63, n. 1, 1999.

MCNEAL, Robert H. "The revival of Soviet anti-trotskysm". *Studies in comparative Communism*, v. X, n. 1-2, p. 5-17, 1977.

NAVILLE, Pierre. *La revolution et les intellectuels: mieux et moins bien 1927, que peuvent faire les surrealistes 1926*. Paris: Gallimard, 1927.

PAGGI, Leonardo. "La teoría general del marxismo". In: GRAMSCI, Antonio. *Escritos políticos (1917-1933)*. México D.F.: Siglo XXI, 1981.

PLEKHANOV, Georghi. *Os princípios fundamentais do marxismo*. São Paulo: Hucitec, 1978.

_____. *El socialismo y la lucha política*. México D.F.: Roca, 1975.

POKROVSKY, Mikhail N. *Teoria da revolução proletária*. São Paulo: Calvino, s/d.

PORTANTIERO, Juan Carlos. *Los usos de Gramsci*. Mexico D.F.: Folios, 1987.

POULANTZAS, Nicos. "Les transformations actuelles de l'État, la crise politique et la crise de l'État". In: POULANTZAS, Nicos (org.). *La crise de l'État*. Paris: PUF, 1976.

RAKOVSKY, Christian. "The Foreign Policy of Soviet Russia". *Foreign Affairs*, jun. 1926, p. 577.

ROBINSON, Joan. *An essay on marxian economics*. Londres: Mac Millan, 1964.

RODRIGUES, Miguel Urbano. "Apontamentos sobre Trotsky: o mito e a realidade". *O Diario.info*, 11 dez. 2008. Disponível em: <http://www.odiario.info/articulo.php?p=973&more=1&c=1>.

ROSDOLSKY, Roman. *Genesis y estructura de El capital de Marx: estudios sobre los Grundrisse*. México D.F.: Siglo XXI, 1989.

ROSENTHAL, Gerard. *Avocat de Trotsky*. Amadora: Bertrand, 1975.

ROSMER, Alfred. *Moscou sous Lénine*. Paris: Maspero, 1970

SCHUTZ, Alfred. "La vuelta al hogar". In: *Estudios sobre teoria social*. Buenos Aires: Amorrotu, 1975.

SERGE, Victor. *O ano I da Revolução Russa*. São Paulo: Boitempo, 2007, p. 199.

SHAIK, Anwar. *Valor acumulación y crisis: ensayos de economia política*. Bogotá: Tercer Mundo, 1991.

STALIN, J. V. *Works*. Moscou: Foreign Languages, 1954, 14v.

_____. *On the opposition, 1921-1927*. Pequim: Foreign Languages Press, 1974.

_____. *"The foundations of Leninism*: lectures delivered at the Sverdlov University". In: *Problems of Leninism*. Pequim: Foreign Languages Press, 1976.

_____. *Escritos sobre o trotskismo, 1924-1937: trotskismo ou leninismo?* [Lisboa]: Pensamento e Acção, 1975.

_____. *Trotskismo ou leninismo*. Lisboa: Seara Vermelha, 1976.

SWAIN, Geoffrey. *Trotsky*. Londres: Longman, 2006.

SWEZZY, Paul. *Teoria do desenvolvimento capitalista: princípios de economia política marxista*. São Paulo: Abril Cultural, 1983.

TELÓ, Mario. "Bukharin: economia e política na construção do socialismo". In: HOBSBAWM, Eric J. (org.). *História do marxismo*. Rio de Janeiro: Paz e Terra, 1988, v. 7.

TEXIER, Jacques. "Gramsci théoricien des superstructures". *La Pensée*, n. 139, Paris, p. 35-60, 1968.

THATCHER, Ian D. *Trotsky*. Londres: Routledge, 2003.

TOGLIATTI, Palmiro. *Antonio Gramsci*. Roma: Riuniti, 1972.

TOSEL, André. "Gramsci e a revolução francesa". *Novos Rumos*, São Paulo, v. 9, n. 22, 1994.

TROTSKY, Leon. *Histoire de la Rèvolution Russe*. Paris: Seuil, 1950, 2 t.

_____. *Ma vie*. Paris: Gallimard, 1953.

_____. *La révolution permanente*. Paris: Gallimard, 1963.

_____. *1905 suivi de Bilan et perspectives*. Paris: Minuit, 1969.

_____. *Lecciones de Octubre*. Buenos Aires: Biblioteca Proletaria, 1972.

_____. *La Internacional Comunista desde la muerte de Lenin*. Buenos Aires: Materiales Sociales, 1973.

_____. *El nuevo curso: problemas de la vida cotidiana*. México D.F.: Pasado y Presente, 1978.

_____. "Qu'est-ce que l'objectivite historique? Résponse à certains critiques de l'Historie de la Révolution Russe (1er avril 1933)". In: *Œuvres*. Paris: EDI, 1978, v. 1.

_____. "Le marxisme en tant que science (11 avril 1933)". In: *Œuvres*. Paris: EDI, 1978a, v. 1.

_____. *A revolução desfigurada*. São Paulo: Ciências Humanas, 1979.

_____. "Correspondencia entre Trotsky y Preobrajenski". In: MANDEL, Ernest (org.). *Trotsky: teoría y prática de la revolucion permanente*. México D.F.: Siglo XXI, 1983.

_____. "Tres concepciones de la revolución rusa". In: MANDEL, Ernest (org.). *Trotsky: teoría y prática de la revolucion permanente*. México D.F.: Siglo XXI, 1983a.

_____. "Classe, parti et direction: porquoi le prolétariat espagnol a-t-il été vaincu? (Questions de théorie marxiste)". In: *Œuvres*. Grenoble: Institut Léon Trotsky, 1985, v. 20.

_____. "Ce que je pense de Staline". In: *Oeuvres*. Grenoble: Institut Leon Trotsky, 1986.

_____. "Tendences philosophiques du bureaucratisme (novembre 1928)". In: *Œuvres*. 2ª série. Grenoble: Institut Leon Trotsky, 1989, v. II, p. 389-411.

_____. *A revolução russa*. São Paulo: Informação, 1989a.

_____. *The revolution betrayed: what is the Soviet Union and where is it going*. Detroit: Labor, 1991.

VIANNA, Luiz Werneck. *A revolução passiva: iberismo e americanismo no Brasil*. Rio de Janeiro: Iuperj/Revan, 1997.

VOLKOGONOV, Dmitrii Antonovich. *Trotsky: the eternal revolutionary*. Nova York: The Free Press, 1996.

WHEELER-BENNETT, John W. *Brest-Litovsk: the Forgotten Peace, March 1918*. Londres: Macmillan, 1938.

ZANARDO, Aldo. "El 'Manual' de Bujarin visto por los comunistas alemanes y por Gramsci". In: BUKHARIN, Nicolai. *Teoria del materialismo historico*. Madri: Siglo XXI, 1974, p. 1-36.

Esta obra foi impressa em Santa Catarina no verão de 2013 pela Nova Letra Gráfica & Editora. No texto foi utilizada a fonte Arno Pro em corpo 11,5 e entrelinha de 16 pontos.